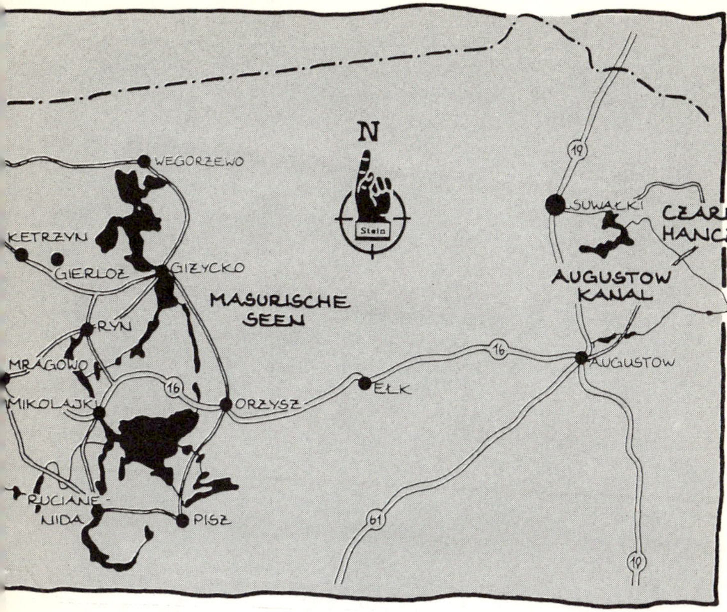
N
Stein
WEGORZEWO
KETRZYN
GIERLOZ
GIZYCKO
MASURISCHE
SEEN
RYN
MRAGOWO
MIKOLAJKI
16
ORZYSZ
EŁK
RUCIANE-
NIDA
PISZ
61
19
SUWAŁKI
CZARNA
HANCZA
AUGUSTOW
KANAL
AUGUSTOW

Conrad Stein bereiste ab seinem 14. Lebensjahr Deutschland und Südeuropa. Außereuropäische Reisen führten ihn von 1961 an in den Nahen Osten, zweimal quer durch Afrika, durch beide Amerikas, durch die Südsee, mehrmals nach Neuseeland und Australien, nach Fernost mit der Transsib und durch Südostasien mit eigenen VW-Bussen, Motorrad, Yacht, Flugzeug, Frachter, Bahn, Leihwagen und Auto-Stop: in und durch insgesamt 81 Länder.

In Australien und Neuseeland leitete er insgesamt fünf Jahre lang verschiedene Jugendherbergen. Nach seiner Rückkehr aus Australien im Jahre 1980 gründete er den Verlag, in dem inzwischen fast 100 ReiseHandbücher über Länder der ganzen Welt erschienen sind.

Inhalt

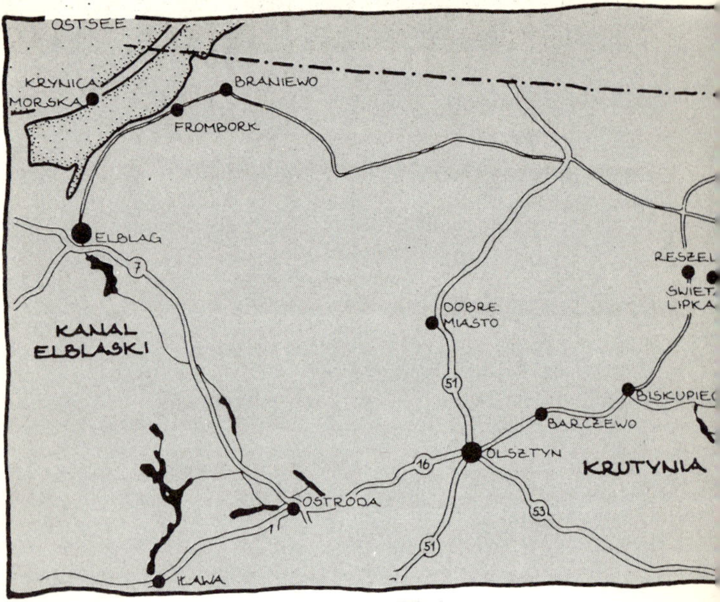
OSTSEE
KRYNICA
MORSKA
BRANIEWO
FROMBORK
ELBLAG
7
KANAL
ELBLASKI
RESZEL
SWIETA
LIPKA
DOBRE
MIASTO
51
BISKUPIEC
BARCZEWO
OLSZTYN
KRUTYNIA
16
OSTRODA
53
51
IŁAWA

Vorwort

Über dieses Buch und Masuren

Mit den Umwälzungen in Osteuropa sind Reiseziele und Reisen dorthin auf eigene Faust in den Bereich des Möglichen gerückt, von denen man noch vor ein paar Jahren kaum zu träumen wagte.

Zu den schönsten und in ihrer Ursprünglichkeit einmaligen Landschaften gehört ohne Zweifel Ostpreußen und dort insbesondere Masuren - gern folkloristisch verklärt das Land der stillen Seen und dunklen Wälder genannt: was zwar auch heute noch stimmt, aber kaum vom Auto aus zu entdecken ist.

Wer sich jedoch mit eigener Muskelkraft auf den langsam und gemächlich dahinströmenden Flüssen und kristallklaren verträumten Seen in einem Kanu fortbewegt, der wird schnell vom Zauber Masurens gefangen genommen sein.

Aber auch Wald- und Heidewanderungen haben ihren unschlagbaren Reiz, den etwas Eiligere natürlich auch vom Fahrradsattel aus erleben können.

Ich bin in den letzten drei Jahren in jedem Sommer für mehrere Wochen durch Ostpreußen und Masuren per Auto, Kanu und Fahrrad gefahren. Die vier meiner Ansicht nach schönsten Kanugebiete habe ich in diesem Buch beschrieben, die von der Seenplatte des Oberlandes mit dem Elblag-Kanal über die Krutynia, die großen Masurischen Seen bis hin zur Czarna Hancza und Augustow-Kanal im östlichen Polen reichen. Alle beschriebenen Routen zu erpaddeln, dürfte den Rahmen eines Urlaubs sprengen - was bedeutet, daß Sie immer noch Routen für ein Wiederkommen im nächsten Sommer in Reserve haben.

Die Orte, Städte und Sehenswürdigkeiten fallen in diesem Gebiet leider etwas spärlich aus. Die langsam gewachsene Ursprünglichkeit der größtenteils ehemals deutschen Orte fiel den Kriegshandlungen und der wahnsinnigen Zerstörungswut der Sieger zum Opfer. Selbst Städte, die der Roten Armee völlig unversehrt in die Hände gefallen waren, wurden in sinnloser Rache angezündet und teilweise bis zu 80% zerstört.

Die später erst nachfolgenden und aus dem Osten hierher umgesiedelten Polen versuchten in einigen Fällen später den alten Zustand durch Restaurierungen wieder herzustellen. War jedoch keinerlei Bausubstanz mehr vorhanden, wurde radikal abgeräumt, und Viertel in abstoßender und häßlicher Plattenbauweise entstanden.

Das schöne Masuren ist deshalb nur weitab von größeren menschlichen Besiedlungen zu finden - obwohl auch in den Dörfern die Zeit stehengeblieben zu sein scheint und man unweigerlich an Kalischken, Polninken und Suleiken erinnert wird.

An den Wirrwarr und das ständige Auf und Ab und Hin und Her der preussischen, deutschen und polnischen Geschichte, der Kriege und Überfälle des Deutschen Ordens, der Schweden, Preußen, Russen, Polen, Litauer und Franzosen habe ich mich ehrlich gesagt nicht getraut - ein solches Kapitel hätte wohl auch den Rahmen dieses Buches gesprengt.

Denken Sie bei einer Reise nach Masuren daran, daß für viele Polen die Vergangenheit noch immer sehr lebendig ist und daß bei unüberlegtem Verhalten alte Ressentiments durchbrechen können.

Vergleichen Sie vor allem Polen nicht mit Reisezielen im westlichen Europa oder in Übersee, denn das Nebeneinander der alten kommunistischen Planwirtschaft und der neuen Marktwirtschaft führt zu überraschenden Auswüchsen. Passen Sie sich an, und nehmen Sie die Polen wie sie sind.

Conrad Stein — im Januar 1992

PTTK	=	*Staatl. poln. Tourismus- und Wanderverein*
Orbis	=	*Staatl. poln. Reisebüro*
ul.	=	*Straße*
plac.	=	*Platz*
Jez. oder J.	=	*See*
Uwaga	=	*Achtung*
△	=	*Herren*
○	=	*Damen*

Orte und Sehenswertes

Augustow

(ca. 30.000 Einwohner) liegt an der Kreuzung der Fernstraßen 16, 19 und 61 im östlichen Masuren. Die Stadtgründung geht auf König Sigismund II. August im Jahre 1562 zurück. Östlich der Stadt liegt das riesige, urwaldähnliche und teilweise menschenleere Wald- und Heidegebiet **Puszcza Augustowska**, das bis über die russische Grenze hinüberreicht. Dieser Wald ist der Rest früherer Urwälder, die sich über das ganze Ostpreußen bis nach Litauen hin erstreckten. Die nähere Umgebung der Stadt und das weitere Gebiet sind wegen der guten Wassersportmöglichkeiten auf Seen, Flüssen und Kanälen recht beliebt, aber nur in für den Autoverkehr erschlossenen Bereichen in der Hochsaison überlaufen.

Der **Augustow-Kanal**, der in der ersten Hälfte des 19. Jh. erbaut wurde, führt durch diese Seenplatte. Er ist für kleine Schiffe bis 100 t geeignet und verbindet die Weichsel über die Narew und die Biebrza mit der Memel im heutigen Rußland. Der Kanal ist in Polen 82 km lang und hat 18 Schleusen. Auf der beschriebenen Kanuroute ☞ Czarna Hancza Augustow-Kanal werden davon 37 km mit 7 Schleusen befahren.

Orbis, Plac. Janka Krasickiego 12, ☏ 2513 oder ☏ 2319.

Camping-PTTK, ul. Sportowa 1, ☏ 3455.

Motel "Polmozbyt", ul. Mazurska 4, ☏ 2867.

Vom kleinen Bootshafen werden im Sommer mehrmals tägl. Rundfahrten über die Augustow-Seen angeboten. Erkundigen Sie sich im Hafenkiosk (☏ 2881), ob das Schiff evtl. ausfällt:

ab Augustow 9.30 Uhr	-	Przewiez	-	an Augustow 12.00 Uhr
ab Augustow 15.00 Uhr	-	Przewiez	-	an Augustow 17.30 Uhr
ab Augustow 10.30 Uhr	-	Swoboda	-	an Augustow 14.00 Uhr
ab Augustow 8.30 Uhr	-	Jez. Necko	-	an Augustow 10.00 Uhr
ab Augustow 12.30 Uhr	-	Jez. Necko	-	an Augustow 14.00 Uhr
ab Augustow 14.30 Uhr	-	Jez. Necko	-	an Augustow 16.00 Uhr
ab Augustow 16.30 Uhr	-	Jez. Necko	-	an Augustow 18.00 Uhr
ab Augustow 9.00 Uhr	-	Paniewo	-	an Augustow 18.00 Uhr (Di, Do, Sa)

Barczewo (Wartenburg)

(7.000 Einwohner) liegt nur 14 km östlich von Olsztyn (Allenstein) an der Fernstraße 16 und macht einen etwas tristen Eindruck. Im Stadtzentrum befindet sich der Marktplatz mit dem Rathaus (dahinter die Klosterkirche), das wie die dreischiffige Pfarrkirche St. Anna aus dem 14. Jahrhundert stammt. Ein kleines Museum für Kunstweberei befindet sich in der ul. Koscuszki 9. Das ehemalige Franziskanerkloster dient seit 1810 als Strafanstalt. Hier saß der frühere Gauleiter Ostpreußens, Erich Koch, für seine schweren Verbrechen gegen die Menschheit lebenslänglich bis 1986 ein.

Biskupiec (Bischofsburg)

(etwa 11.000 Einwohner) liegt 2 km abseits der Fernstraße 16 etwa 23 km östlich von Olsztyn (Allenstein). Der Ort erhielt bereits 1395 die Stadtrechte, wurde aber in seiner späteren Geschichte mehrfach von Katastrophen wie Krieg, Brand und Pest heimgesucht. 1945 wurde die ehemalige Kreisstadt zu 50% zerstört und bietet seitdem nichts Sehenswertes, das einen Umweg lohnt.

Braniewo (Braunsberg)

(ca. 16.000 Einwohner) liegt 8 km vor der Mündung der **Pasleka** (**Passarge**) ins Frische Haff und nur 7 km von der russischen Grenze an der Straße nach Kaliningrad (Königsberg). 1945 wurde die alte Hafen- und Bischofsstadt des Ermlandes fast völlig zerstört. Zu sehen sind heute lediglich Reste der alten Stadtmauer, der 18 m hohe gotische Turm der Burg und eine nach Plänen von Schinkel erbaute Kirche.

Dobre Miasto (Guttstadt)

(ca. 9.000 Einwohner) liegt 26 km nördlich von Olsztyn (Allenstein) an der Fernstraße 51. Die Altstadt, die auf einer Insel der Lyna (Alle) liegt, wird dominiert von der dreischiffigen, domartigen Pfarrkirche, der größten des Ermlandes. Die Stadt wurde zum Ende des Krieges zu 70% zerstört, so daß nicht viel Sehenswertes erhalten ist.

 Die Pfarrkirche in Dobre Miasto ☞

Elblag (Elbing)

(ca. 110.000 Einwohner) liegt nur 75 km östlich von Danzig und nur wenige Kilometer von Frischen Haff entfernt. Die Stadt wurde 1237 gegründet und hauptsächlich von Norddeutschen aus Elbnähe besiedelt. Selbst nach der Niederlage des Ordens im Jahre 1457 behielt es seine Position als autonome Republik unter der Oberhoheit des polnischen Königs und war freie Reichsstadt.

Vom alten Elbing ist nach den erbitterten Kämpfen im Jahre 1945 fast nichts übriggeblieben, denn 90% der Stadt wurden dem Erdboden gleichgemacht und die damalige Innenstadt ist eine leere Fläche.

Lediglich das alte **Markttor**, die **Marienkirche** (heute Kunstgalerie) und die gewaltige **Nikolaikirche** mit ihrem 95 m hohen Turm in der Mitte der Ödnis sind beschädigt erhalten geblieben. In den letzten Jahren ist am Rand zaghaft mit dem Wiederaufbau bzw. Renovierung dieses Geländes mit Wohn- und Geschäftshäusern begonnen worden - und wie ich meine, mit ansehnlichem Erfolg.

Elblag ist Start- bzw. Endpunkt einer Kanu- bzw. Ausflugsdampferfahrt in das 80 km südlich gelegene Ostroda (Osterode) auf dem Elblag-Kanal (☞ Oberlandkanal). Die Kanuroute mit Nebenrouten ist von mir unter ☞ Elblag-Kanal beschrieben worden.

Tourist-Information, ul. 1 Maja 1, ☎ 22225.

Hotel "Elzam", Plac Slowianski 2, ☎ 27631.

Die Stadt wird im Sommer täglich von Schiffen der Weißen Flotte angelaufen. Erkundigen Sie sich vorher im Kiosk der Anlegestelle, ob das Schiff fährt:

ab Elblag	8.00 Uhr	-	an Ostroda	19.00 Uhr
ab Elblag	10.00 Uhr	-	an Maldyty	16.30 Uhr
ab Ostroda	9.00 Uhr	-	an Elblag	19.30 Uhr
ab Maldyty	10.30 Uhr	-	an Elblag	16.30 Uhr

Rundfahrt über den Jez. Druzno:

ab Elblag	16.40 Uhr	-	an Elblag	18.00 Uhr

 Die Nikolaikirche in Elblag ☞

Elk (Lyck)

(ca. 37.000 Einwohner) Diese Stadt am Lycker See liegt 148 km östlich von Olsztyn (Allenstein) und 41 km westlich von Augustow. Die Stadtgründung geht auf den Deutschen Orden zurück, der um die Wende zum 15. Jahrhundert eine kleine Burg auf einer Insel errichtete.

Lyck entwickelte sich schnell zum geistigen Zentrum Masurens. Nach den Zerstörungen im Ersten Weltkrieg wurde die Stadt wieder aufgebaut, zum Ende des Zweiten Weltkriegs aber wiederum fast völlig zerstört. Vom alten Stadtkern ist deshalb kaum etwas übriggeblieben, lediglich auf der Straße, die auf den Bahnhof zuführt, sind einige Bürgerhäuser des vorigen Jahrhunderts erhalten geblieben. Ansonsten herrscht die bekannte, moderne Plattenbauweise vor.

Da Lyck in eine herrliche Wald- und Seenlandschaft eingebettet ist, bestehen auch hier gute Paddel-, Radel- und Ausflugsmöglichkeiten. Kanurouten führen z.B. über den **Jez. Selmet Wielkie** (Großer Selmentsee), über den **Jez. Elckie** (Lyck See) und vor allem über die Elk (Lyck-Fluß) nach Norden über den **Jez. Lasmiady** (Laschmieden See), dann weiter über die heute stark verkrautete Lazna Struga und weitere Seen bis zum Pillwung See mit seiner berühmten Kormoraninsel.

Frombork (Frauenburg)

(ca. 3.000 Einwohner) Diese, nur 32 km nordöstlich von Elblag (Elbing), am Frischen Haff gelegene Kleinstadt fasziniert vor allem durch den mit Mauern und Wehrtürmen befestigten und auf einem Hügel gelegenen **Dom** in Backsteingotik. Am vom Parkplatz bergan führenden Fußweg steht der quadratische Nordwestturm, in dem **Nikolaus Kopernikus** mit wenigen Unterbrechungen 30 Jahre lang lebte und an seinem revolutionären Werk über den Lauf der Himmelsgestirne gearbeitet hat.

Der Dom besticht von außen durch seine filigrane Leichtigkeit und die Harmonie, mit der er in die Landschaft paßt. Von der Aussichtsplattform des wuchtigen, achteckigen Südwestturms, in dem auch eine Kunstgalerie und das Planetarium untergebracht sind, kommt der Dom vor dem Hintergrund des Frischen Haffs besonders zur Geltung. In seinem Inneren sind die hohen Gewölbe und die reich mit Schnitzereien verzierten Altäre und Kanzeln beeindruckend. Orgelkonzerte finden mehrmals täglich statt, mit internat. Besetzung zwei- bis dreimal jährlich.

Blick auf Hof und Eingangstor der Domanlage Frombork ☞

Eintrittskarten für den Palast, den Turm und das Planetarium sind an der Kasse (9 bis 16.30 Uhr geöffnet) im Eingangsgebäude an der hölzernen Zugbrücke zu bekommen (außer montags, dann nur im Planetarium). Der Dom kann täglich nur von 9.30 bis 16.30 (außer sonntags und montags) besichtigt werden, allerdings sind die Orgelkonzerte täglich um 10.15, 11.45, 13.30, 15 und 16.30 Uhr zu hören (sonn- und feiertags um 10, 12 und 15 Uhr).

Der Turm ist täglich von 9.30 bis 16.30 zu besteigen, während das Planetarium nur Vorführungen um 10.40, 12.30, 14 und 15.40 Uhr hat.

Vom kleinen Hafen aus fahren täglich Ausflugsboote über das Haff nach Krynica Morska (Kahlberg) zur ☞ **Mierzeja Wislana** (**Frischen Nehrung**) hinüber und ein Tragflächenboot verkehrt regelmäßig von Elblag (Elbing) nach Frombork (Frauenburg).

Von Südwesten kommend überqueren Sie irgendwann die alte, nur einspurige **Reichsautobahn**, die von Elbing nach Königsberg führte und die merkwürdigerweise auf polnischen Straßenkarten nicht verzeichnet ist. Typisch sind Betonplatten der Fahrbahnen und die kleingepflasterten Auffahrten in Graubasalt.

18 km westlich von **Frombork** (Frauenburg), noch hinter **Tolkmicko** (Tolkemit), liegt direkt an der Straße das Gut **Kadyny** (**Cadinen**), das einst Kaiser Wilhelm II. gehörte. Das ehemalige Gutshaus ist gerade sehr schön zu einem Hotel umgebaut worden. Die Hofgebäude, die wohl auch in Zukunft renoviert werden sollen, beherbergen ein bekanntes Gestüt. Am Ortsrand steht die "Tausendjährige Eiche", in deren Höhlung mehrere Menschen Platz finden.

PTTK in der ul. Katedralna 14, ☏ 7352, und in den Hotels und Herbergen.

Der PTTK-Campingplatz liegt am Ortsausgangsschild in Richtung Braniewo (ul. Braniewska 12, ☏ 7368).

Die Jugendherberge befindet sich in der ul. Elblaska 11, ☏ 7453.

Das 2-Sterne-Hotel "Sloneczny" steht in der Innenstadt in der ul. Koscielna 2, ☏ 7285.
Eine Herberge des PTTK befindet sich in der ul. Krasickiego 3, ☏ 7211.

Dom von Frombork, im Hintergrund das Frische Haff

Gierloz (Görlitz - Wolfsschanze)

liegt 8 km östlich von Ketrzyn (Rastenburg) an einer Nebenstraße. Das ehemalige **Führerhauptquartier** wurde für den Rußlandfeldzug ab Herbst 1940 von der Organisation Todt geplant und gebaut. Fast 3.000 Arbeiter wurden täglich aus Rastenburg mit Zügen hierher gebracht und selbst widrigstes Wetter ließ keine Verzögerungen aufkommen.

Im Juni 1941 zog das Oberkommando der Wehrmacht hierher um, obwohl noch bis 1944 weiter gebaut wurde. Hier in der Wolfsschanze wurde das mißlungene Attentat am 20. Juli 1944 von Oberst Stauffenberg verübt, das Hitler nur ein paar Schrammen brachte, dafür aber in einer Säuberungswelle zuhause im Reich einigen tausend Personen den Tod.

Es entstanden in kurzer Zeit 7 große Luftschutzbunker, mehrere mittelgroße für technische Betriebsanlagen und einige kleine aus Beton und Ziegel als Büros, Offizierskasinos und hotelartige Herbergen. Die unteren Chargen und das Dienstpersonal wurden in Holzbaracken untergebracht.

Von all dem sind nur noch die im Januar 1945 von den eilig abziehenden deutschen Pionieren gesprengten Bunker- und Kasemattenreste zu sehen: umgefallene 4 bis 6 m dicke Wände und eingestürzte 6 bis 8 m dicke Decken der größten Bunker mit bizarr herausragenden Betonarmierungen. Je nach Größe der Bunker verwendeten die Sprengmeister zwischen 8 und 12 Tonnen Sprengstoff, der mit Zeitzündern versehen war. Das Gelände (polnisch: Wilczy Szaniec) kann gegen Eintrittsgeld besichtigt werden und mehrere Fremdenführer bieten sich am Parkplatz für eine Rundtour durch die Ruinen an.

tip Wenn Sie keinen Führer möchten, sollten Sie sich aber unbedingt vor Ort die Broschüre "Wolfsschanze in Gierloz" von Malecki kaufen, die auch einen Plan der Anlage beinhaltet.

Ohne einen Führer oder die Broschüre laufen Sie ziemlich blind umher, da das Gelände wegen seiner Unübersichtlichkeit schlecht zu erfassen und gar nicht zu übersehen ist.

Angesichts der Ausgeburt eines unter groteskem Sicherheitswahn gebauten Regiestandes für einen mörderischen Krieg kann es einem nur Grausen - und ich habe einige Besucher nachdenklich und kopfschüttelnd auf dem Weg zurück in die Wirklichkeit beobachten können: ein Muß ist der Wolfsschanzen-Besuch gewiß nicht.

Gizycko (Lötzen)

(ca. 26.000 Einwohner) liegt in der nördlichen Hälfte der großen Masurischen Seenplatte und ist ein Touristenzentrum vor allem für Wassersportler. Am Kanal, der vom **Jez. Niegocin** (Löwentin See) zum **Jez. Kisajno** (Kissain See) führt, befindet sich eine moderne Marina mit allen Versorgungsanlagen. Hier ist der Endpunkt der ☞ Kanurouten Masurische Seen Nr. 6 und der Startpunkt der Routen Nr. 7 und 8. Die Stadt macht einen sauberen und aufgeräumten Eindruck, ohne allerdings viele historische Gebäude zu bieten. Die evangelische Kirche am Marktplatz aus dem frühen 19. Jahrhundert und die noch gut erhaltene Festungsanlage im Waldgebiet zwischen den Seen am Stadtrand in Richtung Ryn bilden die Ausnahmen.

Orbis, ul. Dabrowskiego 3, ☎ 3112.

Campingplatz "Wigry", ul. Moniuszki 1, ☎ 3410.

Hotel "Wodnik", ul. 3 Maja 2, ☎ 3871. Motel "Zamek", ul. Moniuszki 1, ☎ 2419.

Die Stadt wird im Sommer mehrmals täglich von Schiffen der Weißen Flotte angelaufen. Erkundigen Sie sich vorher im Kiosk der Anlegestelle (☎ 2578), ob das Schiff fährt:

ab Gizycko	9.00 Uhr -	an Mikolajki	13.30 Uhr
ab Gizycko	11.30 Uhr -	an Wegorzewo	14.00 Uhr
ab Mikolajki	14.30 -	an Gizycko	17.30 Uhr
ab Wegorzewo	15.20 Uhr -	an Gizycko	17.50 Uhr

Mächtige Bunkerwand der Wolfsschanze

Rundfahrten auf dem Jez. Kisajno "Weg der Schwäne":
ab Gyzicko 9.30 - an Gizycko 11.20 Uhr
ab Gyzicko 11.40 - an Gizycko 13.30 Uhr
ab Gyzicko 15.30 - an Gizycko 17.20 Uhr

Rundfahrt zur Kormoraninsel im Jez. Dobskie:
ab Gyzicko 15.30 - an Gizycko 18.30 Uhr

Rundfahrt auf dem Jez. Niegocin nach Rydzewo:
ab Gyzicko 14.00 - an Gizycko 15.00 Uhr

Ilawa (Deutsch Eylau)

(ca. 27.000 Einwohner) ist die erste schöne Stadt, die der Auto- und Bahnreisende aus Richtung Westen nach Masuren erreicht. Sie liegt besonders hübsch am südlichen Ende der Oberländischen Seenplatte, die ein beliebtes Segel- und Kanurevier ist und von mir im Kapitel ☞ Elblag-Kanal mit den Routen Nr. 4 und 5 beschrieben sind.

Durch den Bau des ☞ Oberlandkanals wurde die Stadt mit Ostroda (Osterode) und Elblag (Elbing) verbunden (heute mit täglichem Ausflugsdampfer nach Ostroda). Dadurch und durch den Bau der Eisenbahnstrecke Berlin - Tilsit erlebte Deutsch Eylau einen wirtschaftlichen Aufschwung, der bei Kriegsende durch eine 70prozentige Zerstörung der Stadt jäh unterbrochen wurde. An alter Bebauung ist am Marktplatz nur noch die restaurierte Pfarrkirche aus dem frühen 14. Jahrhundert erhalten geblieben.

Orbis, ul. Niepodleglosci 10, ☎ 3330.

Ketrzyn (Rastenburg)

(ca. 26.000 Einwohner) liegt 25 km nördlich von Mragowo. Die Stadt ist eine Gründung des Deutschen Ritterordens, der hier Anfang der 14. Jahrhunderts eine Burg baute. Nach mehreren Zerstörungen wurde sie wieder auf- und umgebaut und beherbergt heute ein Museum. Die Türme der Pfarr- und der Wehrkirche sowie die Ringmauer bieten den typischen Ordensbaustil.

Die Pfarrkirche in Ketrzyn ☞

13 km südwestlich der Stadt befindet sich die Wallfahrtskirche ☞ Swieta Lipka (Heiligelinde) und 8 km östlich bei ☞ Gierloz (Görlitz), die zerstörte Bunkeranlage des ehemaligen Führerhauptquartiers "Wolfsschanze".

Orbis, Plac. Wolnosci 1, ☎ 3122.

Mierzeja Wislana (Frische Nehrung)

Ähnlich wie die weiter nördlich gelegene und noch größere Kurische Nehrung ist diese 55 km lange und zwischen 400 und 900 m breite Halbinsel eine geologische Besonderheit der Ostsee, die durch das Zusammenspiel von Erosion und Wasserkräften einen brackigen Binnensee mit einer engen Ostseeverbindung, ein Haff, bildete.

Auf der an der Haffseite entlangführenden Straße befinden sich die bekannten Badeorte **Katy Rybackie** (Bodenwinkel) und **Krynica Morska** (Kahlberg). Die Straße führt zwar weiter, ist aber nur bis Piaski wegen des russischen Grenzsperrgebiets befahrbar. Von Krynica Morska fährt ein Ausflugsdampfer übers Haff nach ☞ Frombork (Frauenburg).

Von Elblag kommend führt die Landstraße später bis **Stegna** (Stegen) an einer dieselbetriebenen Kleinbahn entlang. Kurz darauf passieren Sie im Ort eine schöne alte Fachwerkkirche aus der Mitte des 17. Jahrhunderts, die eine Besichtigung wegen der biblischen Deckenmalereien lohnt. 3 km weiter befindet sich die Gedenkstätte **Sztutowo** (Stutthof), die an ein KZ der SS erinnert. Ein Museum und die Reste des grausigen Lagers können besichtigt werden.

Der Touristenbetrieb im Naturpark der Frischen Nehrung konzentriert sich im wesentlichen auf die Ortschaften. Dazwischen liegen einsame, feinsandige Strände, die von Parkmöglichkeiten im Kiefernwald auf kurzen Wegen erreicht werden können. Vorsicht, fahren Sie sich nicht im Sand fest. Befestigte Parkplätze befinden sich auch ausgeschildert entlang der Straße. Offiziell ist es nicht gestattet, offenes Feuer zu machen und Bernstein zu sammeln.

Ein bezeichneter **Wanderweg** führt von Sztutowo durch den Wald zumeist an der Seeseite entlang bis Krynica Morska. Eine Wanderung durch den lichten Kiefernwald mit der rauschenden Ostsee in der Nähe ist durchaus zu empfehlen.

Fachwerkkirche in Stegna ☞

Campingplätze und Ferienheime in **Katy Rybackie** (Bodenwinkel), **Krynica Morska** (Kahlberg) und **Piaski**.

Krynica Morska hat auch noch eine Jugendherberge.

Mikolajki (Nikolaiken)

(ca. 4.000 Einwohner) ist für mich die schönste Stadt Masurens und als Ausgangspunkt für Kanutouren oder für Ausflüge mit Schiffen der Weißen Flotte besonders geeignet. Der Ort ist sowohl Endpunkt der von mir beschriebenen Kanuroute Krutinya/Masurische Seen Nr. 1 und Nr. 7 als auch Ausgangspunkt von Nr. 5.

Wenn Sie den Ort auf der Fernstraße 16 aus Richtung Olsztyn (Allenstein, 88 km entfernt) erreichen, überqueren Sie zunächst eine Seenverbindung mit vielen Segelbooten, die ihre Masten geklappt haben. Links der Straßenbrücke ist die Eisenbahnbrücke und rechts spannt sich die im Krieg beschädigte alte Straßenbrücke und heute nur für Fußgänger benutzbare dritte Brücke übers Wasser.

Unten schwimmt der metallene "**Stinthengst**" an einen Pfeiler gekettet, der nach alter Sage für Fischreichtum in den Seen sorgen soll. Auf der linken Seite steht die 160 Jahre alte evangelische Kirche, die gleichzeitig ein Museum beherbergt. Die Haltestelle der Fernbusse ist auf dem Kirchplatz.

Der Marktplatz ist gleichzeitig das Geschäftszentrum der Stadt, das sich weiter zur Promenade mit dem Anleger der "Weißen Flotte" und den Anlegestellen der Segelboote fortsetzt.

Die Stadt wird im Sommer mehrmals täglich von Schiffen der Weißen Flotte angelaufen. Erkundigen Sie sich vorher im Kiosk der Anlegestelle (☏ 16102), ob das Schiff evtl. ausfällt:

ab Mikolajki	10.00 Uhr -	an Ruciane Nida	12.30 Uhr
ab Mikolajki	14.30 Uhr -	an Ruciane Nida	16.30 Uhr
ab Ruciane Nida	14.30 Uhr -	an Mikolajki	16.30 Uhr (Di, Do, Sa)
ab Mikolajki	14.30 Uhr -	an Gizycko	17.30 Uhr
ab Gizycko	9.00 Uhr -	an Mikolajki	13.30 Uhr

Ein Ausflugsboot passiert den Stinthengst in Mikolaijki

Rundfahrten zum Jez. Sniardwy:

ab Mikolajki	12.15 Uhr -	an Mikolajki	13.30 Uhr
ab Mikolajki	14.30 Uhr -	an Mikolajki	16.00 Uhr
ab Mikolajki	16.30 Uhr -	an Mikolajki	18.00 Uhr

Etwa 6 km östlich der Stadt können Sie auf dem **Schwanensee Jez. Luknajno (Lucknainer See)**, der mit dem Spirdingsee nur durch einen 200 m langen natürlichen Kanal verbunden ist, Schwäne beobachten. Da der See nur höchstens 2 m tief ist, bietet er ideale Gründelbedingungen für die langhalsigen Tiere.

Er ist Naturschutzgebiet und darf deshalb nicht von Booten befahren werden. Man behauptet, daß zwischen ein- und zweitausend Höckerschwäne hier leben. Ich würde die Zahl aber wesentlich niedriger ansetzen.

Mikolajki aus der Luft ☞

Auf der westlichen Seite der Stadt liegen zwei **Campingplätze.** Der Platz "Wagabunda" (ul. Lesna 2, ☎ 16018, gleich hinter der Eisenbahnüberführung von der Fernstraße 16 rechts ab) hat keinen direkten Seezugang.
Zu dem namenlosen Campingplatz mit Badestelle direkt am See biegt man direkt an der Tankstelle rechts ab. Auf der kleinen Halbinsel weiter draußen entsteht ein weiteres Hotel, so daß der davor liegende Campingplatz wahrscheinlich aufgelöst wird.

Der Ort hat einige Pensionen unterschiedlicher Qualität zu bieten. Man kann aber auch privat unterkommen:
Pensjonat Mikolajki, ul. Kajki 18, ☎ 16437, geöffnet von April bis Oktober. Schöne und saubere Zimmer, teilweise mit Seeblick, Parkplatz im Garten zum See. Freundliches Inhaberpaar, das gut Englisch spricht und gutes Essen in einem Restaurant mit Terrasse und Garten machen diese Pension zu meinem Tip!

Pensjonat Na Skarpie, ul. Kajki 96, geöffnet während der Saison. Diese Pension liegt nur 700 m weiter an derselben Straße am See entlang. Terrasse und Seeblick von einigen Zimmern.

Pensjonat Wodnik, ul. Kajki 130, geöffnet von Mai bis Ende September. Diese Pension liegt noch weiter außerhalb auf einem Bauernhof direkt am **Jez. Mikolajskie**.

Pensjonat Mazury, ul. Ogrodowa 1, ganzjährig geöffnet. Großes Haus ganz in Bahnhofs- und Friedhofsnähe.

Es gibt bisher nur ein Hotel, aber ein weiteres wird in Seenähe gebaut:
Hotel Golebiewski, ul. Mragowska 34, ☎ 16517, ganzjährig geöffnet. Dieses erst 1991 eröffnete, große, private 5-Sterne-Hotel liegt an der Fernstraße 16 von Mragowo kommend auf der linken Seite kurz vor Mikolajki.

Mragowo (Sensburg)

(ca. 19.000 Einwohner) liegt 63 km östlich von Olsztyn an der Fernstraße 16 inmitten einer sich in Nordsüdrichtung ziehenden Seenkette zwischen dem **Jez. Czos** und **Jez. Juno** (Schoß- und Juno-See). Auf dem

Marktplatz steht das kleine Rathaus von 1825 - aber nur wenige andere Gebäude haben den Krieg überlebt. Die evangelische Kirche gegenüber ist erst 1962 wieder aufgebaut worden. Die katholische Backsteinkirche hinter dem Marktplatz auf der Hauptstraße nach Norden stammt von 1850.

Vom Flugplatz aus können Sie **Rundflüge** in kleinen einmotorigen Maschinen über die Umgebung oder die Masurischen Seen machen (das war 1991, aber 1990 wurden die gleichen Flüge in zweimotorigen, 12sitzigen Maschinen angeboten). Es werden fünf verschiedene Routen vorgeschlagen, die 30 bis 45 Minuten dauern und je Person ca. DM 40 bis DM 50 kosten.

Wenn das Wetter gut ist, sollten Sie unbedingt fliegen. Es ist schon etwas Besonderes, wenn man den soeben gepaddelten Lauf der Krutinya oder Mikolajki und den Schwanensee von oben sehen kann.

Buchen kann man schon in Olsztyn auf dem Flugplatz Dajtki oder in Mragowo im Orbis-Hotel am Schwimmhallenschalter oder noch besser zum gleichen Preis direkt auf dem Flugfeld. Zur Landepiste fahren Sie die Fernstraße 16 in Richtung Mikolajki an den Kasernen vorbei und biegen vor der Eisenbahnüberführung rechts ab und folgen den Schildern "Air Touristik in Retrostil".

Der einzige Campingplatz ("Mazur Tourist", ul. Jaszczurcza 1, ☎ 2533) der Stadt liegt fast direkt an der Straße nach Gizycko unterhalb des Orbis-Hotels am Schoß-See.

Nur etwas weiter auf der Landstraße gelangen Sie zum staatlichen Hotel "Orbis-Mongrovia", ul. PPR 6, ☎ 3222, das 4 Sterne hat.

Vom Restaurant und einigen Zimmern hat man einen schönen Blick über den Schoß-See, es gibt ein innenliegendes Schwimmbad und einen wohlsortierten Intershop. Meist ist das Hotel von ausländischen, vor allem deutschen, Gruppen ausgebucht.

Weitere Übernachtungsmöglichkeiten bieten das Hotel "Meltur", ul. Sienkiewicza 16, ☎ 2900 und die

Pension "Nad Saletem", die 8 km nördlich an der Landstraße nach Ketrzyn liegt (☎ Mragowo 3155).

Oberlandkanal / Kanal Elblaskie / Elblag-Kanal

Dieser Kanal wurde gebaut, um die natürlichen Wasserwege, die Seenplatte des sog. Oberlandes, besser und kostengünstiger mit den Handelszentren der Ostsee, Elbing und Danzig, zu verbinden. Der Hauptkanal führt von Elblag über Ostroda (Osterode, 80 km lang) nach Stare Jablonki (weitere 12 km).

Ilawa (Deutsch Eylau) am größten See des Oberlandes, dem **Jez. Jeziorak** (Geserich See) und **Zalewo** (Saalfeld) am **Jez. Ewingi** (Ewing See) konnten über einen Abzweig bei Milomlyn (Liebemühl) erreicht werden. Von Milomlyn nach Ilawa sind es 32 km und nach Zalewo 30 km.

Der Gedanke, das Oberland mittels eines Kanals mit der Ostsee zu verbinden war nicht neu - doch niemand hatte eine vernünftige Idee, wie der Höhenunterschied von 104 m auf knapp 10 km Länge zu überwinden wäre. Schleusen schieden aus technischen Gründen aus, da fast 20 Schleusenkammern alle 500 m erforderlich gewesen wären.

1825 kam der Ingenieur Steenke auf die richtige Idee, die aber als völlig unrealistisch verworfen wurde. Seiner Beharrlichkeit ist es zuzuschreiben, daß sein Plan dennoch verwirklicht wurde. 1848 wurde mit dem Bau begonnen und 1860 fuhr das erste Schiff durch den Kanal.

Das Besondere dieses Kanals sind neben zwei Schleusen (gesamt 4,20 m Höhenunterschied) die fünf "schiefen" oder "geneigten" Ebenen über die Schiffe mit Wagen auf Schienen transportiert werden, um den Höhenunterschied von fast 100 m zu überwinden. Der Kanal ist deswegen eine Attraktion für Kanuten und Touristen gleichermaßen. Die Kanuroute mit Nebenrouten ist von mir als ☞ Elblag-Kanal beschrieben worden.

Täglich verkehrt im Sommer je Richtung ein Ausflugsboot (Abfahrt in Ostroda und Elblag jeweils um 8 Uhr), das etwa elf Stunden für die Reise benötigt. Ein weiteres Touristenboot fährt in 5 Stunden auf der Route Ilawa (Deutsch Eylau) - Ostroda.

Die **Schiefen Ebenen** überwinden zwischen Milomlyn und dem Druzno-See einen Höhenunterschied von insgesamt 99,3 m.

1. Buczyniec	Differenz 21,3 m	Länge 550 m
2. Katy	Differenz 18 m	Länge 450 m
3. Olesnica	Differenz 24,5 m	Länge 350 m
4. Jelenie	Differenz 22,5 m	Länge 500 m
5. Caluny Nowe	Differenz 13 m	Länge 450 m

Alle Ebenen sind auch mit dem Auto erreichbar, jedoch teilweise auf Feldwegen oder Kopfsteinpflasterstraßen. Auf der anderen Seite: hat man eine Schiefe Ebene gesehen, hat man alle gesehen.

Die erste Ebene ist mit dem Auto am einfachsten zu erreichen, indem Sie von der Fernstraße 7 etwa 40 km nördlich von Ostroda im Ort Morzewo links abbiegen und durch **Drulity** (Draulitten) mit dem gut erhaltenen Gutshaus auf der linken Seite fahren. Kurz vor der Brücke über den Oberlandkanal müssen Sie rechts in eine fürchterlich holprige Kopfsteinpflasterstraße einbiegen und später führt die erste Straße links direkt nach Buczyniec. Hier gibts auch einen Kiosk mit Getränken und Souvenirs.

Wie funktionieren die Schiefen Ebenen?
Je ein offener Wagen, einer Eisenträgerbrücke mit Rädern nicht unähnlich, steht am oberen und unteren Ende der Kanalteile bzw. der Schiefen Ebene auf Schienen im Wasser.

Zugseil, Schienen und Umlenkräder an der Schiefen Ebene in Buczyniec

Beide Wagen sind mit einem dicken Stahlseil, das auf Rollen zwischen den Schienen läuft, miteinander verbunden. Die drei senkrechten Räder auf kleinen Inseln im Kanal lenken das Seil wieder in die Rückrichtung um.

Nachdem das zu transportierende Boot zwischen die beiden Relinge des Wagens geschwommen ist, wird es hier zunächst lose vertäut. Aus dem oberen Kanalteil strömt jetzt Wasser über ein Rohr ins sog. Maschinenhaus und hier auf ein 8 m großes Rad mit drei jeweils eine Tonne fassende Schaufeln. Das Rad beginnt sich zu drehen, wickelt das Seil auf und zieht somit den Wagen nach oben. Das Wasser fließt aus dem offenen Wagen ab und die Boote setzen sich trocken auf ihren Rumpf. Am anderen Ende angekommen, schwimmen die Boote beim Eintauchen ins Wasser wieder auf und können den Wagen verlassen.

Das durch das Schaufelrad verbrauchte Wasser fließt inzwischen durch einen kleinen Seitenkanal in den untenliegenden Kanalteil, so daß eine sparsame Nutzung der Wasserkraft gewährleistet ist. Leider hat dies aber auch den Effekt, daß in den einzelnen Kanalteilen kaum ein Wasseraustausch stattfindet: Verkrautung, "blühendes" Wasser und reichlich Entenflott sind vor allem im Spätsommer die Folge.

Ein Kraftakt ist das ganze nur zu Anfang, wenn auch der obenstehende Wagen zuerst ein Stück aufwärts über den kleinen Hügel gezogen werden muß. Auf der Schiefen Ebene selbst hebt sich das Gewicht der Wagen mit den Booten fast auf, so daß nur wenig Kraft erforderlich ist. Alle Ebenen funktionieren wie beschrieben, lediglich das Werk in Caluny Nowe hat eine Turbine als Antrieb.

Olsztyn (Allenstein)

(ca. 148.000 Einwohner) ist heute die Hauptstadt der Wojewodschaft Masuren, die größte Stadt in einem Umkreis von über 130 km und liegt an der Fernstraße 16. Die Umgebung der Stadt ist ganz reizvoll, es gibt einige kleinere Seen im Stadtgebiet und die Lyna (Alle) fließt direkt durch die Altstadt hindurch.

Direkt in der Altstadt (Stare Miasto) ist nur schwer ein Parkplatz zu finden; versuchen Sie es trotzdem und besichtigen Sie diese schöne Stadt und einige ihrer Sehenswürdigkeiten auf einem **Rundgang**:

Als erstes fällt an einer großen Straßenkreuzung das ganz in gelb renovierte **Neue Rathaus** von 1915 ins Auge, das mit einigen ebenfalls

 Das neue Rathaus in Olsztyn ☞

Blick auf die Schloßanlage in Olsztyn

renovierten Bürgerhäusern an einer lebhaften Hauptstraße, der ul. 1 Maja (Straße des 1. Mai, früher Hindenburgstraße) steht. Beachten Sie die vier Figuren an der Außenfassade, die bezeichnenderweise direkt an den Fenstern des Ratssaales angebracht sind, und die vier Tugenden Gerechtigkeit, Klugheit, Wahrheit und Tapferkeit symbolisieren.

Wenn Sie sich jetzt in die ul. 22 Lipca (Straße des 22. Juli, früher Zeppelinstraße) wenden, sehen Sie den **Turm des Hohen Tores** vor sich. Dies ist der traurige Rest einer ringförmigen Stadtmauer, die durch 20 Basteien verstärkt wurde und die sogar die Schloßmauern in dieses Schutz- und Verteidigungssystem einbezogen. Links neben dem Turm befindet sich in einem Neubau eine Touristeninformation und das Hauptbüro der PTTK-Masuren.

Nur 200 m weiter gelangen Sie zum Marktplatz mit dem **Alten Rathaus**. Die Bürgerhäuser aus der Zeit vor der Jahrhundertwende sind nach dem Krieg wieder mit den bekannten Bogengängen aufgebaut worden, verschiedenfarbig gestrichen worden und haben einen barocken

Charakter. Etwas abseits steht die evangelische Pfarrkirche von 1870 mit ihrem spitzen Turm.

Gehen Sie jetzt in östlicher Richtung dann gelangen Sie über die ul. Barbary zur Jakobikirche aus dem Ende des 15. Jahrhunderts, die heutige **Kathedrale** des Bistums Warmia i Mazury (Ermland und Masuren). Die dreischiffige Hallenkirche mit dem wuchtigen, aber doch leicht gegliederten Turm stellt eine hervorragende Leistung des gotischen Backsteinbaus dar.

An der Kathedrale vorbei gelangen Sie auf einem leicht abschüssigen Weg in eine Grünanlage, die von der **Lyna** (Alle) durchflossen wird und wenden sich nach rechts. Nachdem Sie die ul. Juliana Marchlewskiego überquert haben, führt Sie eine schmale Gasse an einem alten Speicher und an Resten der alten Stadtmauer entlang. Das guterhaltene Schloß ist schon längst in Sichtweite und wenn Sie über die alte Mauer blicken, sehen Sie unten im ehemaligen Schloßgraben ein Amphitheater, das die Warschauer den Einwohnern Olsztyns 1978 wohlmeinend zum Geschenk machten.

Das **Schloß** aus der zweiten Hälfte des 14. Jahrhunderts ist in gutem Zustand und bietet sich ohne Prunk und Pathos dem Betrachter dar. Der große deutsche Astronom **Nikolaus Kopernikus** war hier zwischen 1516 und 1521 zeitweilig zum Landpropst bestellt. Das Museum ist im Wesentlichen seinem Wirken gewidmet. Gern wird dem Besucher seine astronomische Experimentiertabelle mit vielen farbigen Linien an der Wand des oberen Stockwerks gezeigt, deren Echtheit allerdings umstritten ist. Der ehemalige Remter mit einer fast zerbrechlich wirkenden Kristallgewölbedecke dient als großer Museumssaal. Er zeigt wechselnde Ausstellungen ermländischer und masurischer Kunst und Kunsthandwerk. Der schattige Schloßhof lädt zum Verweilen ein.

Hinter dem Schloß liegt etwas unterhalb eine Straßenbrücke mit einem Wehr über das sich die Wasser der Lyna ergießen. Gleich daneben können Sie sich in einer Art Biergarten von dem Rundgang erfrischen. Die Straße, die von der Brücke im Bogen leicht ansteigt, führt zum Ausgangspunkt zum Neuen Rathaus zurück.

i Touristinformation, Pavillon am Hohen Tor, ☏ 272738. Orbis, ul. Dabrowszczakow 1, ☏ 275791. Mazur-Tourist, ul. Staromiejska 6, ☏ 275655. Almatur, os. Kortowo, Haus des Studenten 2, ☏ 278653.

Der einzige Campingplatz liegt direkt in einer Senke an der Fernstraße 16 am Stadtrand von Olsztyn (ul. Sielska 12, ☏ 21253). Er ist zwar sauber und ordentlich geführt, verlangt dafür aber auch unangemessen hohe Preise. An den Sanitärgebäuden vorbei liegt hinter den Bäumen der Ukiel-See.

Auf derselben Straßenseite, nur 800 m weiter, befindet sich der dreistöckige Flachbau des 4sternigen "Orbis-Novotel" (ul. Sielska 3a, ☏ 24081).

Das Hotel "Kormoran" gegenüber vom Hauptbahnhof hat ebenfalls 4 Sterne (Plac Konstituiji / ul. Kosciuszki, ☏ 335864); es ist oft für Reisegruppen gebucht.

Hotel "Warminski", ul. Glowackiego 8, ☏ 335353; 1,5 km südlich vom Bahnhof.

Das Hotel "Pracowniczy" in der ul. Ketrzynskiego 5 ist eine leider etwas laute ehemalige Arbeiterherberge (in der Nähe des Bahnhofs) mit überwiegend polnischen Gästen.

Auf der anderen Seite der Bahnschienen liegt das Hotel "Nad Lyna" nur 1 km entfernt.

Das 6stöckige Hotel "Relaks" liegt in der südöstlichen Ecke der Altstadt neben einer Grünanlage und der Sport- und Freizeitanlage Hala Sportowa.

Jugendherberge in der ul. Kopernica 45; 1 km entfernt vom Hauptbahnhof auf halbem Weg in Richtung Altstadt.

PTTK-Herberge im Hohen Tor (ul. Staromiesjska 1).

Orzysz (Arys)

(ca. 3.500 Einwohner) liegt 26 km östlich von Mikolajki (Nikolaiken) an der Fernstraße 16. Die Kleinstadt wurde 1945 niedergebrannt und macht einen uninteressanten, ärmlichen Eindruck. Mein Tip: einfach durchfahren.

Ostroda (Osterode)

(ca. 29.000 Einwohner) liegt 36 km vor Olsztyn (Allenstein) an der Kreuzung der West-Ost-Fernstraße 16 und der 7 Danzig - Warschau in der herrlichen Wald- und Seenlandschaft des Oberlandes.

Der Ort entstand allmählich um eine Ordensburg herum, die im 13. Jahrhundert gebaut wurde. Mehrmals wurde die Stadt im späteren Verlauf gebrandschatzt und geplündert - von Litauern, Schweden, Russen und Franzosen. Nachdem sie 1945 der Roten Armee unversehrt in die Hände gefallen war, ging sie wiederum in Flammen auf. Alte oder gar historische Gebäude sind daher kaum erhalten. Nicht nur die Innenstadt, sondern auch die einst schöne Promenade am **Jez. Drweckie** (Drewenz See) macht teilweise einen vernachlässigten Eindruck.

Die Stadt ist Ausgangspunkt für Dampferausflugsfahrten der Weißen Flotte nach Elblag (Elbing) bzw. nach Ilawa (Deutsch Eylau) über die Seen die der ☞ Oberlandkanal mit den berühmten "Schiefen Ebenen" miteinander verbindet. Die entsprechenden Kanurouten sind in dem Kapitel Elblag-Kanal Nr. 1 bis 5 beschrieben.

Orbis, ul. Czarnieckiego 10, ☎ 3557. Mazur-Tourist, ul. Strapinskiego 2, ☎ 3468.

Campingplatz und Hotel heißen beide "Panorama".

Sie liegen beide nebeneinander am nördlichen Ufer der Ostroda-Bucht (ul. Krasickiego 23, ☎ 2227; ☞ Kanuroute Elblag-Kanal).

Die Stadt wird im Sommer mehrmals täglich von Schiffen der Weißen Flotte angelaufen. Erkundigen Sie sich vorher im Kiosk der Anlegestelle (☎ 3871), ob das Schiff evtl. ausfällt:

ab Ostroda	9.00 Uhr	-	an Elblag	19.30 Uhr
ab Elblag	8.00 Uhr	-	an Ostroda	19.00 Uhr

Rundfahrten auf dem östlichen Teil des Jez. Drweckie:

ab Ostroda	9.30 Uhr	-	Pilawki	-	an Ostroda	11.10 Uhr
ab Ostroda	11.20 Uhr	-	Pilawki	-	an Ostroda	13.00 Uhr
ab Ostroda	13.30 Uhr	-	Pilawki	-	an Ostroda	15.20 Uhr
ab Ostroda	15.40 Uhr	-	Pilawki	-	an Ostroda	17.30 Uhr

Pisz (Johannisburg)

(ca. 16.000 Einwohner) Diese südlich des **Jez. Sniardwy** (Spirdingsee) gelegene Stadt hat einen noch relativ gut erhaltenen **Marktplatz** mit Rathaus und Bürgerhäusern vorzuweisen. Die meisten anderen Gebäude sind aus Betonplatten errichtet.

Die Stadt ist durch einen Kanal vom Spirdingsee über den **Jez. Ros** (Rosch- oder Warschau See) erreichbar. Die **Pisa** (Pissek), die durch die Stadt fließt, entwässert den südlichen Teil der Masurischen Seenplatte in den Fluß Narew.

Die beschriebene Kanuroute Masurischen Seen Nr. 3 endet hier von Südwesten kommend. Sie kann als Nr. 4 über den Spirdingsee oder als Nr. 6 in die östliche Seenplatte fortgesetzt werden.

Der Campingplatz "Camp Pisz" am Ufer des **Jez. Ros** (☞ Kanuroute 4 bzw. 6) liegt am günstigsten zur Stadt während der südwestlich gelegene PTTK-Platz **Jablon** (Wasserborn) fast 5 km entfernt ist und nicht direkt am See liegt. (☞ Kanuroute 3 bei km 30 oder einen schönen Biwakplatz bei km 26,5).

Reszel (Rößel)

(etwa 6.000 Einwohner) befindet sich etwa 32 km nördlich von Biskupiec. Solide renoviert ist die aus dem späten 13. Jahrhundert stammende Burg, die als Kunstgalerie, Café und archäologisches Museum genutzt wird.

Das Zentrum der Stadt mit dem gepflasterten Marktplatz und dem Rathaus darauf, der alten Eck-Apotheke, einigen alten Gassen und der Pfarrkirche St. Peter und Paul beeindruckt durch wiederhergestellte, schöne Fassaden und Aufgeräumtheit.

In der Burg stehen 10 Gästezimmer zur Vermietung.

Ruciane Nida (Rudschauny und Nieder)

(ca. 3.000 Einwohner) liegt 15 km westlich von Pisz in der **Puszcza Piska** (Johannisburger Heide), einem riesigen Wald- und Heidegebiet südlich der Masurischen Seenplatte. Der Ort ist hübsch zwischen zwei

Die alte Apotheke am Marktplatz in Reszel

Seen eingebettet und bei Seglern und Kanuten als Versorgungspunkt beliebt, aber auch urlaubende Familien sind in Massen anzutreffen. Schiffe der Weißen Flotte wenden hier von Mikolaijki (Nikolaiken) kommend.

Die beschriebene Kanuroute Masurischen Seen Nr. 3 endet hier von Norden und wird als Route Nr. 4 nach Pisz (Johannisburg) fortgesetzt.

Campingplatz des PTTK am **Jez. Niedzkie** in der ul. Wczasow 17, ☎ 12 (☞ Kanuroute Nr. 3 bei km 1,5 u. km 2).

Das Pensjonat "Beldan" und das "PTTK-Wycieczkowy" liegen in Bahnhofsnähe, während das Pensjonat Kowaljik am Jez. Niedzki liegt.

Die Stadt wird im Sommer täglich von Schiffen der Weißen Flotte angelaufen. Erkundigen Sie sich vorher im Kiosk der Anlegestelle (☎ 31043), ob das Schiff evtl. ausfällt:

ab Ruciane Nida	11.00 Uhr-	an Mikolajki	13.30 Uhr
ab Ruciane Nida	14.30 Uhr-	an Mikolajki	16.30 Uhr (Di, Do, Sa)

Rundfahrten über den Jez. Niedzkie:

ab Ruciane Nida	10.00 Uhr-	an Ruciane Nida	11.00 Uhr
ab Ruciane Nida	12.40 Uhr-	an Ruciane Nida	13.30 Uhr
ab Ruciane Nida	14.30 Uhr-	an Ruciane Nida	16.00 Uhr
ab Ruciane Nida	16.30 Uhr-	an Ruciane Nida	17.30 Uhr

Ryn (Rhein)

(ca. 3.000 Einwohner) liegt 20 km nordwestlich von Mragowo (Sensburg) am Nordende des **Jez. Rynskie** (Rheinscher See) und vom Wasser her mit den Schiffen der Weißen Flotte oder auf meiner Kanuroute Nr. 7 bzw. Nr. 7a erreichbar.

Im Zentrum des Ortes steht die ehemalige **Ordensburg** aus dem Ende des 14. Jahrhunderts auf einem kleinen Hügel; heute beherbergt sie ein Museum und eine kleine Bibliothek.

Sorkwity (Sorquitten)

(ca. 1.500 Einwohner) liegt 52 km östlich von Olsztyn (Allenstein) an der Fernstraße 16. Der Ort ist Ausgangspunkt zu einer der schönsten Kanuwanderrouten Masurens (☞ Krutynia).

Das **Schloß** mit Parkgelände an der Flußverbindung zwischen den Seen **Jez. Gieladzkie** und **Jez. Lampackie** südlich der Fernstraße wurde Mitte des vorigen Jahrhunderts erbaut und ist gotischem Baustil nachempfunden. In den Kriegshandlungen während der Tannenbergschlacht brannte es 1914 ab und wurde 1922 stilgerecht wieder aufgebaut. Heute beherbergt es ein Erholungsheim.

Die ehemalige evangelische **Kirche** nördlich der Fernstraße aus dem 17. Jh. ist innen im barocken Stil eingerichtet. Der Altar und die Kanzel wurden von einem Hildesheimer Künstler geschnitzt, während der schwebende Engel von einem Königsberger stammt.

PTTK-Station am Jez. Lampackie (Beschreibung ☞ Kanutour Krutynia).

Swieta Lipka (Heiligelinde)

Die berühmte **Wallfahrtskirche** steht in einem kleinen Dorf an der Landstraße in 6 km Entfernung zwischen Reszel (Rößel) und Ketrzyn (Rastenburg). Der außerordentlich prächtige und gepflegte Barockbau wurde bereits 1730 fertiggestellt, nachdem eine Marienschnitzerei in einer Linde ab Ende des 14. Jahrhunderts mehrere Wunder vollbracht haben soll.

Von außen beeindruckt der Komplex durch seine weiß-gelbe Farbgebung, das schmiedeeiserne Eingangsportal und die von einem Tiroler Bildhauer geschaffenen Statuen auf der Außenmauer, die vom Innenhof her als Wandelgang ausgebildet ist.

Innen ist der Betrachter beeindruckt von der kunstvoll gearbeiteten Innenausstattung, insbesondere vom in Marmor und Gold gehaltenen Hauptaltar mit dem zentralen Marienbild, den Gemälden an den Deckengewölben und der goldverzierten Orgel eines Künstlers aus dem alten Königsberg.

Die Orgel in der Wallfahrtskirche Swieta Lipka

Das Marienbildnis in der Linde steht an einem Pfeiler in der Basilika und der Stamm ist über und über mit Anstecknadeln und ähnlichem Touristenschnickschnack gespickt.

Nehmen Sie sich die Zeit und bleiben solange bis die Orgel gespielt wird.

Das Brausen und Tosen ist auch für Nicht-Kirchgänger wahrlich beeindruckend und zu gucken gibts auch was: die zwei Figuren oben an der Orgel bewegen sich nämlich zum Orgelspiel. Mit etwas Glück erleben Sie sogar, wie der unsichtbare Organist eine Polka, ein Volkslied oder ein Jazzstück zum besten gibt.

Festtage, an denen sich ein Besuch besonders lohnt, sind der letzte Sonntag im Mai (Mariä Heimsuchung), der 31. Juli (Hl. Ignatius von Loyola, Ordensstifter der Jesuiten) und der 14. und 15. August mit Mariä Himmelfahrt (mit Prozession um die Basilika und einem Jahrmarktsfest).

Wegorzewo (Angerburg)

(ca. 10.000 Einwohner) Nur 15 km sind es von der nördlichsten Stadt der Masurischen Seenplatte bis zur Grenze, die die heutige russische Enklave mit Kaliningrad (Königsberg) begrenzt.

Da die Stadt zum Kriegsende hin schwer zerstört wurde, sind kaum noch Gebäude aus der Vorkriegszeit erhalten geblieben und sie macht einen tristen und langweiligen Eindruck. Eine der wenigen renovierten Ausnahmen ist die Kirche Peter und Paul.

Campingplatz "Wigry", ☎ 2191; 2,5 km südlich am Jez. Swiecajty.

Die Stadt wird im Sommer täglich einmal von Schiffen der Weißen Flotte angelaufen:

ab Wegorzewo	15.20 Uhr-	an Gyzicko	17.50 Uhr.
ab Gyzicko	11.30 Uhr-	an Wegorzewo	14.00 Uhr

Die Kanuroute Masurischen Seen Nr. 8 endet hier.

 Frontansicht der Wallfahrtskirche Swieta Lipka ☞

Wojnowo (Eckersdorf)

Das Dorf liegt etwa 22 km westlich Pisz (Johannisburg) an der Kanuroute ☞ Krutynia (km 72,5). Am Ufer des **Jez. Dus** (Duss-See) liegt abgeschieden ein **Nonnenkloster** der **Philipponen**.

Die Philipponen, die sich selbst auch Altgläubige nennen, sind eine Sekte der russisch-orthodoxen Kirche, deren Mitglieder um 1820 ihre Heimat wegen ihres Glaubens verlassen mußten. Hier in Masuren durften sie siedeln und es entstanden ein Dutzend Dörfer, in denen sie sich ihrer Religion gemäß entfalten konnten. 1847 gründeten sie das Kloster, das heute von zwei Laienschwestern in Ordnung gehalten wird und besichtigt werden kann.

In der kleinen **Philipponen-Backsteinkirche** im Ort an der Hauptstraße wird sonntags ein Gottesdienst in altrussisch abgehalten. Abseits der Hauptstraße befindet sich auch noch eine **polnisch-orthodoxe Kirche**, die regelmäßig benutzt wird.

Philipponen-Kloster bei Wojnowo

Kanuroute: Kanal Elblaskie Elblag-Kanal/Oberlandkanal

Das sollten Sie wissen...
Nördlich der Fernstraße 16 liegt zwischen Ilawa (Deutsch Eylau) und Ostroda (Osterode) die malerische **Seenplatte des Oberlandes.** Um das Gebiet besser an die Handelszentren an der Ostsee anzubinden, wurde bereits 1848 der erste Spatenstich zum Bau des ☞ Oberlandkanals getan. Zwölf Jahre später befuhr das erste Schiff den Kanal.
Das Besondere dieser Kanuroute sind neben zwei Schleusen die fünf "schiefen" oder "geneigten" Ebenen über die die Boote mittels Wagen transportiert werden, um den Höhenunterschied von 104 m zu überwinden. Der Kanal ist deswegen eine Attraktion für Kanuten und Touristen gleichermaßen.
Täglich verkehrt im Sommer je Richtung ein **Ausflugsboot** der Weißen Flotte, das etwa elf Stunden für die Reise benötigt: Abfahrt in Ostroda um 9 Uhr und Abfahrt in Elblag um 8 Uhr.

Startpunkte

- Route 1: Der Campingplatz **Ostroda** an der Nordseite der Bucht des **Jez. Dreweckie** (Drewenz See, ca. 1 km vom Stadtzentrum).

- Route 1a: Die PTTK-Station **Pilawki** am äußersten nördlichen Ende des Jez. Dreweckie (Drewenz See) etwa 7 km von Ostroda (Osterode) an der Fernstraße 7 (Warschau - Danzig).

- Route 1b: Die PTTK-Station **Stare Jablonki** am See Szelag Maly, ca. 9 km von Ostroda.

Endpunkte

- Routen 1, 1a, 1b: PTTK-Station **Elblag** (Elbing). Die Stadt liegt 58 km vor Danzig an der Fernstraße 7.

- Route 2: Dampfer-Anlegestelle in **Ilawa.**

- Route 3: Anlegestelle im Hafen von **Zalewo.**

Kanurouten

- Route 1 Ostroda - Elblag = 80,5 km.

- Route 1a + 1 Pilawki - Elblag = 86 km.

▸ Route 1b + 1 Stare Jablonki - Elblag = 92,5 km (mindestens 4 Tage; davon 6,5 km auf Flüssen, der Rest der Strecke auf Seen und Kanalstücken).

▸ Teilroute 1 + Route 2 Ostroda - Ilawa = 47,5 km.

▸ Teilroute 1 + Route 3 Ostroda - Zalewo = 49,5 km (2 bis 3 Tage; Seen und Kanäle).

Rückroute

▸ Route 1: 75 km per eigenem Auto oder per Bus auf der Fernstraße 7 bzw. per Bahn mit täglich häufigen Verbindungen oder mit dem Ausflugsboot.

▸ Routen 1 + 4: 32 km per eigenem Auto oder per Bus auf der Fernstraße 16 bzw. per Bahn mit täglich häufigen Verbindungen.

▸ Routen 1 + 5: 34 km per eigenem Auto oder per Bus auf Landstraßen. Keine durchgehende Bahnverbindung.

Karten

▸ Der südliche Teil dieses Kanugebiets wird von der PPWK-Karte 30-092 **Pojezierze Ilawskie i Olsztynskie** im schlechten Maßstab 1:175.000 abgedeckt, die 1989 erschien.

▸ Den nördlichen Teil zeigt die PPWK-Karte 30-044 **Okolice Grybowa**, die zuletzt 1968 erschienen sein soll, aber 1991 nicht erhältlich war.

▸ Das PPWK-Verzeichnis von 1991 enthält sogar eine anscheinend geplante Karte des Elblag-Kanals, der noch nicht einmal eine Ordnungsnummer zugeteilt worden ist.

Strömung

So gut wie nicht vorhanden, so daß die Route auch in entgegengesetzter Richtung gefahren werden kann.

Umtragungen

Keine. Zwei Schleusen (bzw. vier auf Route 3) und fünf Schiefe Ebenen auf Route 1.

 Der Elblag-Kanal von der Brücke bei Drulity (km 48,5) ☞

Wasser
Relativ sauber auf den Flußstrecken. Auf den Seen Verschmutzungen in der Nähe der Städte Ostroda und Elblag.

Camping
Campingplätze siehe Startpunkte/Endpunkte. Freies Zelten an den Seen möglich.

Leihboote
An den PTTK-Stationen siehe Startpunkte/Endpunkte zu den üblichen Preisen (☞ Kanuroute Krutynia).

Anreise
Ostroda erreichen Sie von Westen kommend über die Fernstraßen 16 oder 52. Im Ort überqueren Sie den beschrankten Bahnübergang der viel befahrenen Ostwest-Bahnlinie nach Olsztyn bzw. Warschau - Danzig.

Um zum **Campingplatz** von Ostroda (Route 1) zu gelangen, fahren Sie auf der Hauptstraße durchs Ortszentrum fast am Seeufer entlang. Dort wo zwei Brücken über den Oberlandkanal kurz aufeinander folgen, biegen Sie links ab und fahren nach einem parkähnlichen Waldgrundstück auf der linken Seite wieder links ab, an einem Hotel vorbei, zum See mit einer Badestelle und dem Campingplatz.

Zur **PTTK-Station Pilawki** (Route 1a) biegen Sie hinter den Brücken nicht links ab, sondern fahren geradeaus weiter und biegen dann links auf die als breite Umgehungsstraße gebaute Fernstraße 7 ein. Nach etwa 6 km haben Sie Pilawki erreicht.

Zur **PTTK-Station Stare Jablonki** (Route 1b) gelangen Sie nach ca. 9 km Fahrt auf der Fernstraße 16 in Richtung Olsztyn; auch Bahnhof.

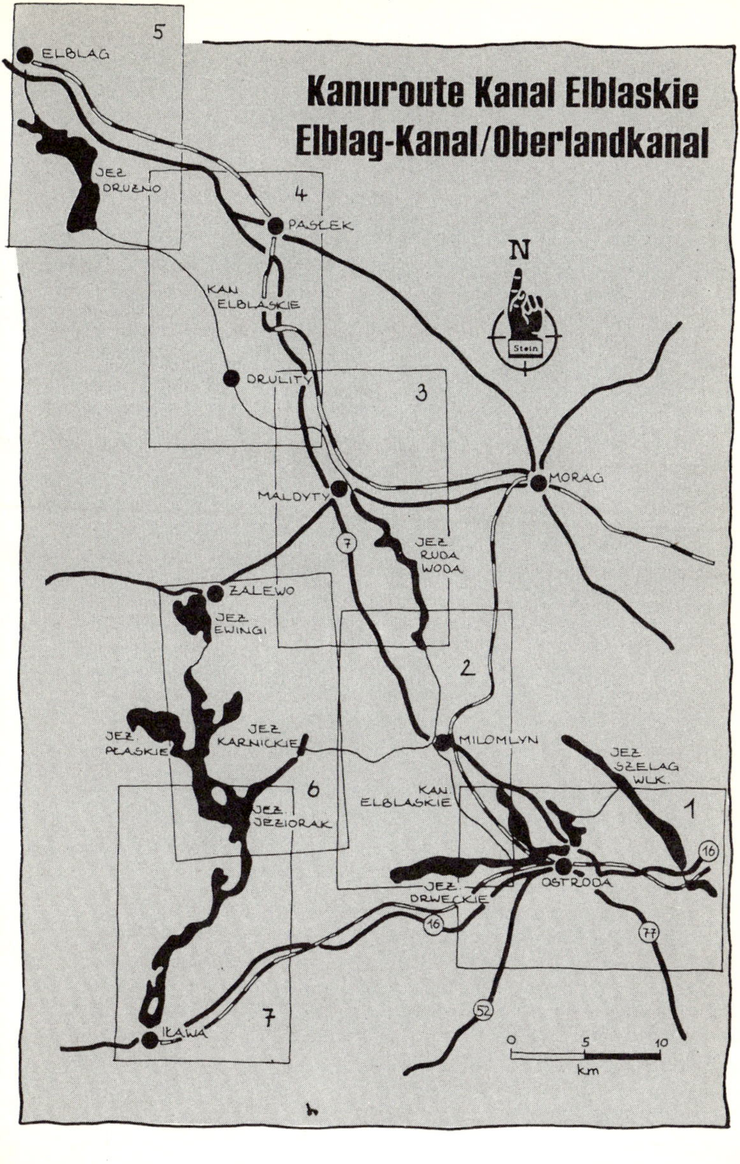

Kanuroute Kanal Elblaskie
Elblag-Kanal/Oberlandkanal
5
ELBLAG
JEZ. DRUZNO
4
PASŁEK
KAN. ELBLASKIE
N
Stein
DRULITY
3
MORAG
MALDYTY
7
JEZ. RUDA WODA
ZALEWO
JEZ. EWINGI
2
JEZ. PŁASKIE
JEZ. KARNICKIE
MILOMLYN
JEZ. SZELAG WLK.
6
KAN. ELBLASKIE
1
JEZ. JEZIORAK
16
OSTRODA
JEZ. DRWECKIE
16
77
52
7
IŁAWA
0
5
10
km

Route 1

Es geht los!
km 0. Campingplatz **Ostroda**

km 1,5. Spitze der Landzunge (Grünortspitze) mit der den See querenden Eisenbahnlinie.

Beschreibung der alternativen Abfahrt von der PTTK-Station Pilawki weiter unten als Route 1a.

Beschreibung der alternativen Abfahrt von der PTTK-Station Stare Jablonki weiter unten als Route 1b.

km 4,5. Einfahrt in den Oberlandkanal, der im wesentlichen dem Lauf der Liwa folgt.

Beeren

Ab Juli sind am Wald- und Wegesrand viele Beerenarten reichlich vorhanden. Sie bilden für den Wanderer und Kanufahrer eine willkommene Ergänzungsdiät zwischen den Mahlzeiten: ***Heidelbeeren*** *(Blau- oder Bickbeeren) kommen vor allem in artenarmen Laub- und Nadelwäldern, auf mageren Weiden, versauerten Waldböden und in der Heide vor. Beste frische Pflückzeit ist im Juli und August. Danach werden von einheimischen Kindern auch noch im September Beeren im Glas angeboten.* ***Brombeeren*** *wachsen am Boden von Laub- und Nadelwäldern, an Hecken und Wegrändern und sind erst im August reif. Sie sollten diese etwas stachelig-schwierig zu pflückenden Beeren unbedingt probieren, da sie wesentlich besser als die gezüchteten Gartenbrombeeren schmecken.* ***Himbeeren*** *gedeihen am besten in lichten Wäldern und in Gebüschen. Beste Zeit hierfür ist der Juli und auch hier ist der frische wild-herbe Geschmack zu empfehlen.* ***Moosbeeren*** *sind ein typisches Hochmoor und Heidegewächs, die erst ab September reif werden.* ***Preiselbeeren*** *wachsen ebenfalls in Hochmooren, in der Heide und in Fichten- und Lärchenwäldern. Beste Pflückzeit ist von Ende August bis Mitte September.*

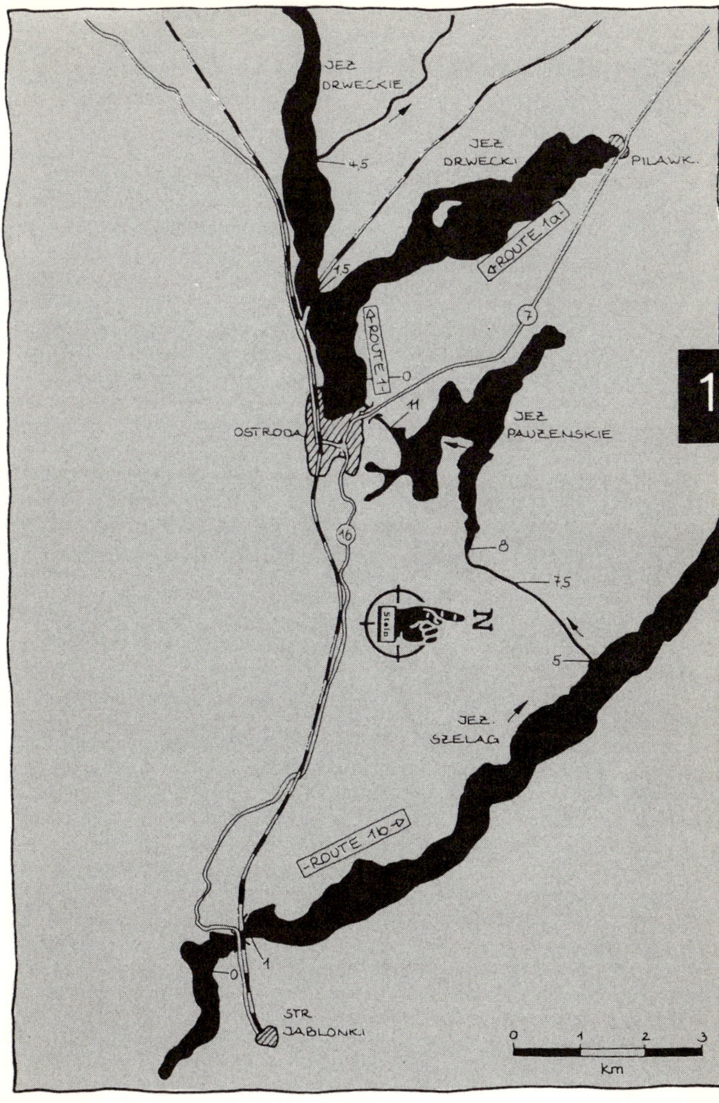

JEŻ DRWĘCKIE
4,5
JEŻ DRWĘCKI
PIŁAWK.
ROUTE 1a
1,5
7
ROUTE 1
0
11
OSTRÓDA
JEŻ PAUŻEŃSKIE
16
8
7,5
N
5
JEŻ. SZELĄG
ROUTE 1b
1
0
STR JABŁONKI
0 1 2 3
km

1

km 10,5. Schleuse Zielona (Grünort) mit einem Höhenunterschied von 1,5 m.

km 15. Schleuse Milomlyn (Liebemühl) mit einem Höhenunterschied von 2,8 m. Hundert Meter weiter stößt man auf den 32 km weit nach **Ilawa** (Deutsch Eylau) über den riesigen Jeziorak-See führenden Zweig des Oberlandkanals.

Beschreibung der Kanufahrt nach Ilawa (bzw. nach Zalewo) ☞ Route 2 bzw. 3.

Weiterfahrt durch den westlichen Teil des Ortes mit Bahnhof, Restaurant, Lebensmittelladen, Post usw. Eine Straßenbrücke der Fernstraße 7 und später Reste einer ehemaligen Eisenbahnbrücke folgen.

km 18. Einfahrt in den **Jez. Ilinsk** (Großer Eyling See).

km 19,5. Gute Zeltmöglichkeit auf einer Halbinsel links. Halten Sie sich weiter am westlichen Ufer bis

km 20 zur Einfahrt in den Kanal, der sich zweimal zu kleinen Seen erweitert.

km 23. Einfahrt in den 12 km langen, aber nur 500 bis 1.000 m breiten, rinnenartigen **Jez. Ruda Woda** (Röthloff See).

2

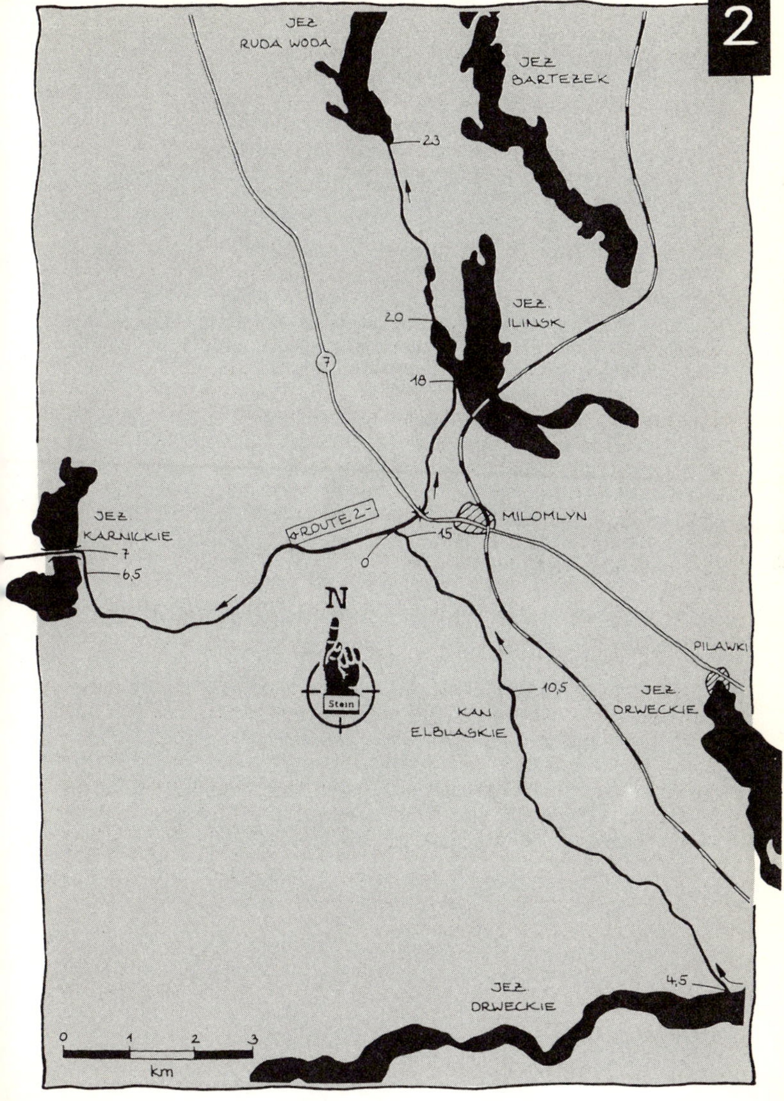
JEŻ.
RUDA WODA
JEŻ.
BARTEŻEK
23
20
JEŻ.
ILINSK
18
7
JEŻ.
KARNICKIE
ROUTE 2
MILOMLYN
15
0
7
6,5
N
Stein
PILAWKI
JEŻ.
DRWECKIE
10,5
KAN.
ELBLASKIE
4,5
JEŻ.
DRWECKIE
0
1
2
3
km

km 27. Links Zeltmöglichkeiten. Am östlichen Seeufer führt der **Ducki-Kanal** (Duzkanal) einen knappen Kilometer weit in den **Jez. Bartezek** (Bärting See). Da dieser See abseits der Hauptroute liegt und auch von Land aus nur auf Feldwegen erreichbar ist hat sich eine vielfältige Wasservogelwelt ungestört erhalten können. Ein Abstecher in den von Landzungen und kleinen Buchten zerrissenen und von Hochwald gesäumten See lohnt vom Wasser aus.

km 35,5. Kanaleinfahrt mit kleinem Bootshafen links. Gleich danach Zeltmöglichkeit mit Zufahrt zur Straße und Straßenbrücke.

km 36,5. Das Dorf **Maldyty** (Maldeuten) liegt auf der linken Seite des Kanals mit Restaurant, Post, Lebensmittelladen usw. Eine PTTK-Station liegt am rechten Ufer. Eine weitere Straßenbrücke.

km 37,5. Einfahrt in den **Jez. Sambrod** (Samrodi See). Wenn Sie sich am linken Ufer halten, folgen Sie der Kanalroute. Halten Sie sich etwas rechts und fahren auf einem kanalartigen Einschnitt durchs Schilfdickicht, so erreichen Sie den Bahnhof von Maldyty mit einer Anlegestelle der Touristenboote.
Der See wird fast in der Hälfte von einem Eisenbahndamm mit einer Brückendurchfahrt rechts versperrt.

km 39,5. Der See verengt sich an seinem Nordende zu einem flußartigen Kanalstück.

km 41. Neue Betonbrücke der Fernstraße 7 und ältere Bogenbrücke. Anschließend Einfahrt in den **Jez. Piniewo** (Pinnau See). Der See verjüngt sich beim Dorf **Awajki** (Awecken) um dann bei

km 46 wieder in den Oberlandkanal überzugehen. Vom Pinnau See an nimmt die Verkrautung des Wassers ständig zu. Besonders auf dem zweiten Seestück sind eine Unmenge von Wasservögeln (z.B. Schwäne) zu sehen.

3

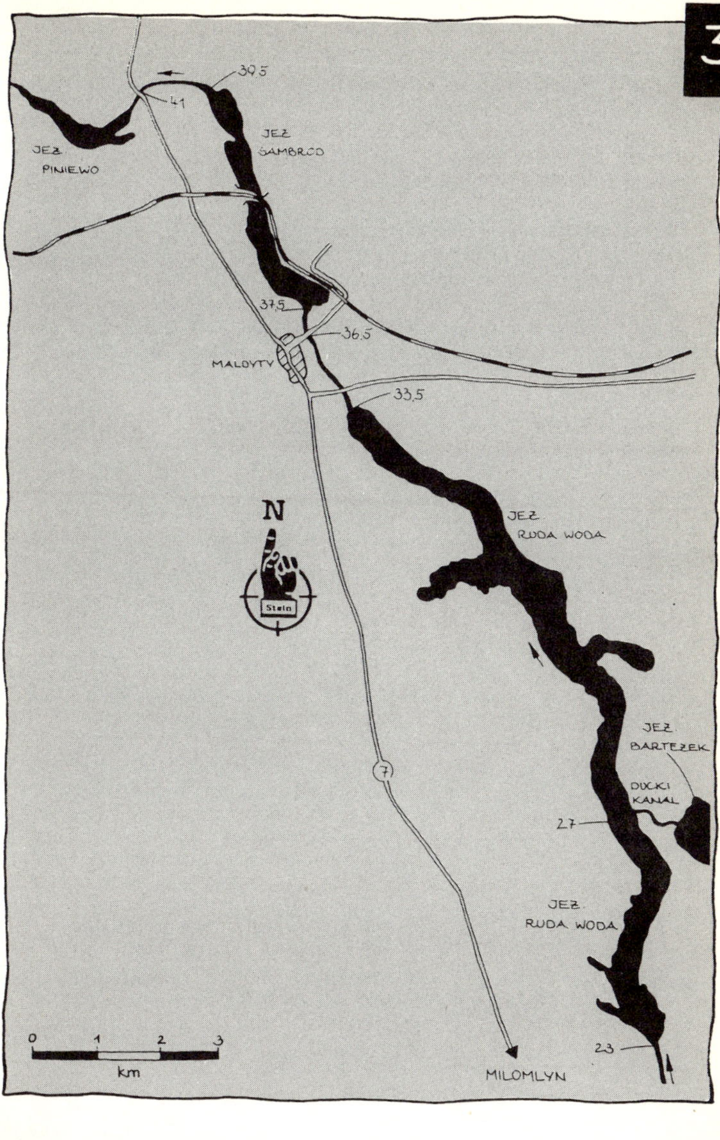

39,5
41
JEZ.
PINIEWO
JEZ.
SAMBROD
37,5
36,5
MALDYTY
33,5
N
Stein
JEZ.
RUDA WODA
JEZ.
BARTEZEK
DUCKI
KANAL
27
7
JEZ.
RUDA WODA
0
1
2
3
km
23
MILOMLYN

km 48,5. Straßenbrücke bei **Drulity** (Draulitten) mit einem schön erhaltenen Gutshof (1 km entfernt).

km 51. Die erste Schiefe Ebene **Buczyniec** ist erreicht: Höhenunterschied 21,3 m, Länge des Landwegs 550 m; Bushaltestelle, Zeltmöglichkeiten.
Wahrscheinlich müssen Sie warten, bis genügend Boote zusammen sind, damit sich das Hinunterfahren lohnt - die Ausflugsboote haben sowieso Vorrang. Die Anlagen werden täglich nur zwischen 10 und 17 Uhr betrieben und wenn Sie Glück haben, sind Sie innerhalb einer halben Stunde durch. Der Antrieb für die Bootswagen auf Gleisen von 4 der insgesamt 5 Schiefen Ebenen geschieht mit Wasserkraft (☞ Oberlandkanal).

km 53,5. Zweite Schiefe Ebene **Katy**: Höhenunterschied 18 m, Länge des Landwegs 450 m.

km 56,5. Dritte Schiefe Ebene **Olesnica**: Höhenunterschied 24,5 m, Länge des Landwegs 350 m.

km 58,5. Vierte Schiefe Ebene **Jelenie**: Höhenunterschied 22,5 m, Länge des Landwegs 500 m. Gut einen Kilometer westlich von hier liegt das Dorf **Jelonki** (Hirschfeld) mit Bushaltestelle, Post, Lebensmittelladen, Kneipe usw.

km 60,5. Fünfte Schiefe Ebene **Caluny Nowe**: Höhenunterschied 13 m, Länge des Landwegs 450 m.

Pilze

An diese Köstlichkeiten sollten sich nur Kenner wagen, die Pilze schon ab Mitte Juni sammeln können. Hauptsächlich kommen Birkenpilze, Pfifferlinge, Butterpilze, Steinpilze und Reizker vor. Reizker lassen sich besonders gut mit Butter (und mit Pfeffer und Salz gewürzt) in der Pfanne braten.

4

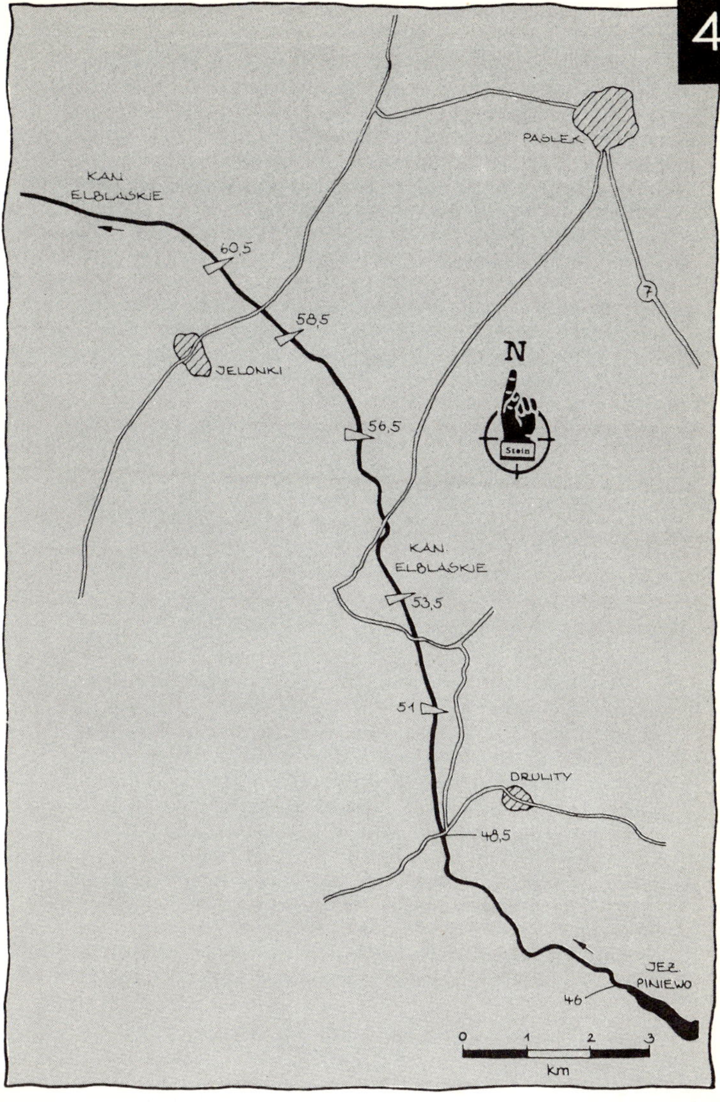
KAN.
ELBLASKIE
PASLEK
60,5
58,5
JELONKI
7
N
Stein
56,5
KAN.
ELBLASKIE
53,5
51
DRULITY
48,5
JEZ.
PINIEWO
46
0
1
2
3
km

km 67. Der **Jez. Druzno** (Dransen See) ist ein riesiges, sumpfiges Naturschutzgebiet für Wasservögel. Der See ist fast 13 km^2 groß mit der größten Tiefe von knapp 2,5 m und schon fast völlig von Schilf und Gras zugewachsen. Die Kanalrinne wird künstlich freigehalten und ist mit Pfählen abgesteckt. Während längerer Trockenperioden kann es vorkommen, daß der See bis auf die Fahrrinne und einige große Tümpel fast völlig austrocknet. Keine Zeltmöglichkeiten!

km 68,5. Fahrrinnenabzweig nach links zum Fluß **Dzierzgon** (Sorge).

km 74,5. Einfahrt in den Fluß Elblag (Elbing).

km 78. Der **Tejna-Kanal** (Thienenkanal) biegt nach links ab und führt später in die Nogat.

km 78,5. Die **Fiszewka** (Fischau) mündet links ein.

km 80,5. **PTTK-Station Elblag** (Elbing).

Vögel

Kanuten haben wegen ihres fast lautlosen Verkehrsmittels die besten Chancen eine Vielzahl von Vögeln, vor allem Wasservögel, zu beobachten. Am häufigsten sind ***Schwäne, Reiher*** *und* ***Graugänse*** *auf den Seen und Flüssen Masurens anzutreffen aber auch* Störche *sind hier nichts Besonderes und es gibt sie reichlich zu sehen. Vor allem Mitte August, wenn sie sich vor dem Abflug nach Afrika sammeln, staksen oft mehrere Dutzend Störche auf Wiesen umher. Große* ***Kormorankolonien*** *haben sich inzwischen wieder auf Inseln in den Seen angesiedelt. Sie sind aus einer Sicherheitsentfernung von einigen hundert Metern gut mit dem Fernglas zu beobachten. Von den Greifvögeln sind häufiger* ***Habichte, Weihe, Sperber*** *und* ***Mäusebussarde*** *zu beobachten. Wenn Sie einen* ***Seeadler*** *oder gar einen* ***Steinadler*** *sichten, haben Sie Glück gehabt.*

5
ELBLĄG
80.5
78.5
78
7
N
Stein
74.5
JEZ.
DRUZNO
68.5
67
0
1
2
3
km

Route 1a

Es geht los!
Alternative Abfahrt von der PTTK-Station Pilawki. Fahrt am westlichen Seeufer entlang bis km 1,5 der Route 1 = 5,5 km.

Route 1b

Alternative Abfahrt von der PTTK-Station Stare Jablonki bis km 1,5 der Route 1.

Es geht los!
km 0. PTTK-Station Stare Jablonki (Jablonken) am **Jez. Szelag Maly** (Kleiner Schilling See), die 1 km vom Ort bzw. vom Bahnhof entfernt liegt.

km 1. Einfahrt in den **Jez. Szelag Wilkie** (Großer Schilling See). Fahrt entlang des westlichen Ufers.

km 5. Einfahrt in den Oberlandkanal.

km 7,5. Schleuse Rus Mala (Klein Reussen) mit einem Höhenunterschied von 1,5 m.

km 8. Einfahrt in den **Jez. Pauzenskie** (Pausen See). Halten Sie sich am rechten Seeufer und fahren nach Umrundung der Halbinsel nach rechts gegenüber in den Kanal bei

km 11 ein. Brücke der Fernstraße 7 und **Schleuse Ostroda** mit einem Höhenunterschied von ebenfalls 1,5 m. Fahrt durch den westlichen Ortsteil.

km 12. Einfahrt in den **Jez. Drweckie**. Rechts liegt der **Campingplatz Ostroda**.

 Ein Segelboot wird auf einer Schiefen Ebene transportiert ☞

Route 2

Das sollten Sie wissen...
Bei km 15 der Route 1 können Sie bei Milomlyn (Liebemühl) nach Westen abbiegen und in Richtung Ilawa (Deutsch Eylau), der "Perle des Oberlandes", paddeln. Von dort sind es nur 32 km zurück nach Ostroda per Bahn oder Bus.

Es geht los!
km 0. Kanalabzweig und Brücke der Straßen nach Zalewo (Saalfeld).

km 6,5. Sicherheitsschleusentor. **km 7**. Der Kanal führt fast 500 m weit auf einem eingedeichten Damm über den **Jez. Karnickie** (Abiskar See), da der Wasserspiegel dieses Sees etwa 2 m niedriger als der des Kanals ist. Die beiden Seeteile sind unter dem Kanal mit Röhren verbunden.

km 10. Einfahrt in den **Jez. Duby** (Duben See).

km 11,5. Straßenbrücke. Einfahrt in den **Jez. Jeziorak** (Geserich See).

Der See ist zwar nicht der größte aber mit 28 km der längste See Polens und deshalb bei zuviel Wind aus der falschen Richtung gefährlich zu befahren.

km 15,5. Hinter einer breiten Halbinsel mit Steilufern öffnet sich der See in Richtung Nordwesten. Vier große Inseln liegen in diesem Teil des Sees.

Abzweig nach Zalewo ☞ Route 5.

Bei Weiterfahrt von der Halbinsel aus fahren Sie an zwei der vier Inseln in südlicher Richtung vorbei und haben bei

km 18 an einer stark bewaldeten Landzunge den See überquert.

km 22,5. Einfahrt in einen Nebensee auf der rechten Seite.

km 32,5. **Ilawa** (Deutsch Eylau).

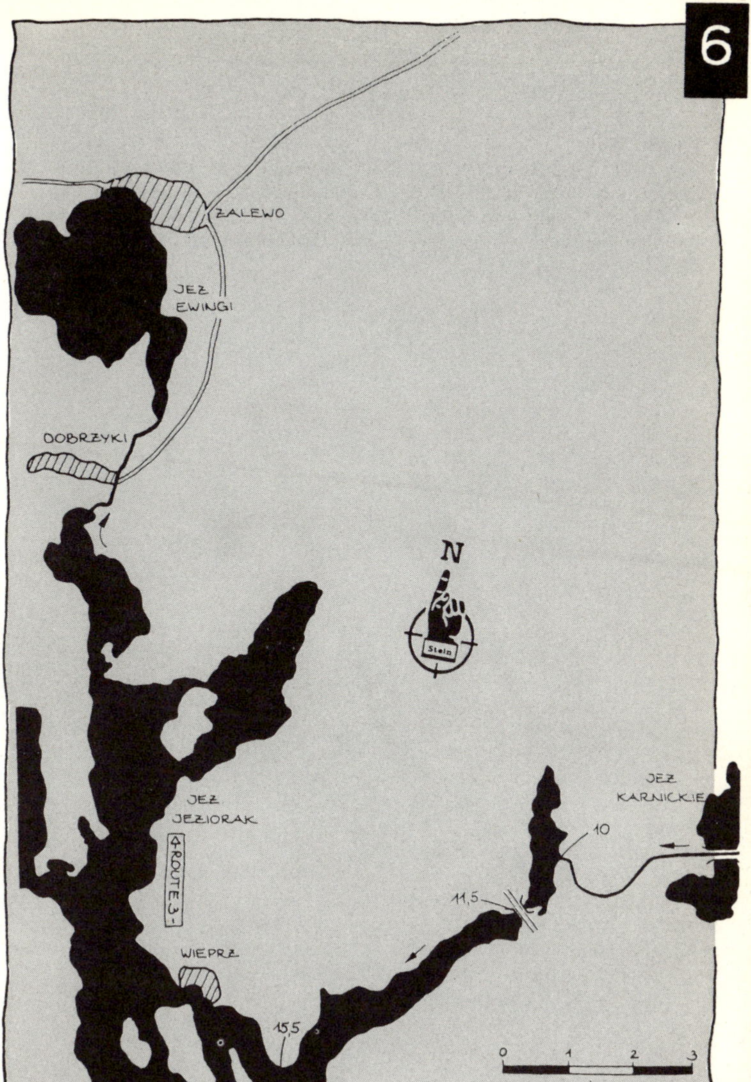
6
ZALEWO
JEZ
EWINGI
DOBRZYKI
N
Stein
JEZ
KARNICKIE
JEZ
JEZIORAK
10
ROUTE 3
11,5
WIEPRZ
15,5
0
1
2
3
km

Route 3

Es geht los!
Von km 15,5 der **Route 2** sind es 13 km in nördlicher Richtung, bis Sie zu dem 2 km langen Teilstück des Oberlandkanals gelangen, der vom Jeziorak-See in den **Jez. Ewingi** (Ewing See) führt. Nach weiteren 4 km am Ostufer dieses Sees ist ☞ **Zalewo** (Saalfeld) erreicht (gesamt 19 km).

Der Elblag-Kanal beim Jez. Piniewo

7

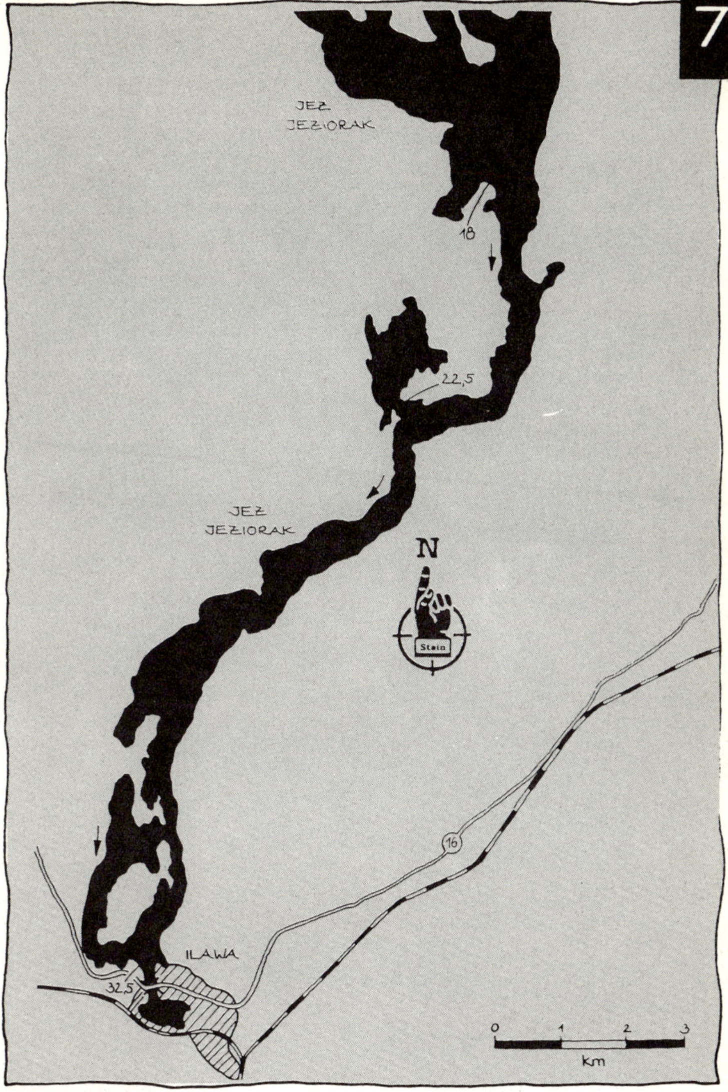

Kanuroute: Krutynia (Kruttinna)

Das sollten Sie wissen...
Die Krutinya-Kanuroute ist wohl die schönste aber auch populärste Wasserwanderstrecke Polens, was besonders schmerzhaft während der polnischen Sommerferien spürbar wird. Leihboote sind dann nicht zu bekommen, die Camping- und Biwakplätze sind gerammelt voll und auf den Flußstrecken herrscht drangvolle Enge.
Der größte Teil der Strecke besteht aus einer Aneinanderreihung von Seen, die mit kurzen Flußstrecken verbunden sind. Erst vom Ausgang des **Jez. Mokre** (Mucker See) fließt die eigentliche Kruttinna bis in den **Jez. Beldany** (Beldahn See). Dieser letzte Routenabschnitt hat die gesamte Route berühmt gemacht und ist der schönste Abschnitt mit herrlichen tunnelartigen Walddurchfahrten über flachem und glasklaren Wasser oberhalb vom Dorf Krutyn (Kruttinnen) und unterhalb bis Ukta.

Startpunkt
PTTK-Station beim Dorf Sorkwity (Sorquitten), 45 km östlich von Olsztyn (Allenstein) an der Fernstraße 16 und an der Eisenbahnlinie Olsztyn - Elk (Lyck) gelegen.

Endpunkt
Einmündung der Krutynia in den **Jez. Beldany**. Weiterfahrt entweder nach Norden auf der ☞ Route 1 Masurische Seen nach Mikolajki oder nach Süden auf der ☞ Route 2 Masurische Seen nach Ruciane Nida (Rudschauny).

Kanurouten
▸ Krutynia + Route 1 Masurische Seen: 103 km (mindestens 4 Tage). 44 km auf Flüssen, 59 km auf 16 Seen.

▸ Krutynia + Route 2 Masurische Seen: 104,5 km (mindestens 4 Tage). 44 km auf Flüssen, 60,5 km auf 16 Seen.

Wie weiter?
▸ Krutynia + Route 1 Masurische Seen: Nach Sorkwity von Mikolajki 34 km auf der Fernstraße 16 bzw. per Bahn. Züge fahren täglich um 4.33, 14.42, und 20.15 Uhr von Mikolajki über Mragowo (Sensburg) nach Sorkwity und kommen dort um 5.40, 15.45 bzw. 21.14 Uhr an. Zusätzliche Züge fahren (nicht täglich) um 16.28 und 21.42 Uhr.

☜ *Die Mühle von Zielony Lasek*

▸ Krutynia + Route 2 Masurische Seenplatte. Von Ruciane Nida (Rudschauny) fahren Busse nach Mragowo (Sensburg), von wo Sie per Bus oder Bahn zurück nach Sorkwity (Sorquitten) gelangen können.

Karten

▸ PTTK-Karte "**Slak Wodny Krutynia**", 1:75.000. Diese praktische 3farbige, 7teilige und klappbare Routenkarte in genau meinem Buchformat habe ich durch Zufall privat ergattert. Sie war bei meinen Recherchen sowohl 1990 als auch 1991 nicht zu kaufen. Schade, es ist die beste und handlichste Karte für die Kruttinna.

▸ PPWK-Karte Nr. 30-024 "**Wielkie Jeziora Mazurskie**", 1:120.000, zuletzt nachgedruckt 1990. Der linke Kartenrand beginnt ab etwa km 33 meiner Flußbeschreibung, ansonsten ist die gesamte mittlere Masurische Seenplatte dargestellt. Nicht nur wegen des Maßstabs weist die Karte erhebliche Mängel auf; mit Vorsicht zu genießen.

▸ PPWK-Karte Nr. 30-090 "**Jezioro Sniardwy**", 1: 60.000, zuletzt nachgedruckt 1989. Der linke Kartenrand beginnt ab etwa km 74 meiner Flußbeschreibung, ansonsten ist die gesamte südliche Masurische Seenplatte dargestellt. Trotz des an und für sich guten Maßstabs weist die Karte Mängel auf, die aber nicht diese Route betreffen.

Strömung

Kaum vorhanden, so daß die Route theoretisch auch in entgegengesetzter Richtung gefahren werden könnte. Weil aber fast alle Boote in einer Richtung fahren, würde ein Fahren in der Gegenrichtung zuviele Begegnungen mit anderen Paddlern mit sich bringen.

Umtragungen

Nur 3 kurze Strecken, ein Bootswagen ist nicht unbedingt erforderlich.

Wasser

Meist sehr sauber in Badewasserqualität, im Oberlauf manchmal Verschmutzungen durch Landwirtschaft.

Camping

Viele Biwak- und Campingplätze. Freies Zelten ist wegen der landwirtschaftlichen Nutzung der Uferstreifen (Heuwiesen, Rinderweiden) oft nicht möglich bzw. nicht erlaubt.

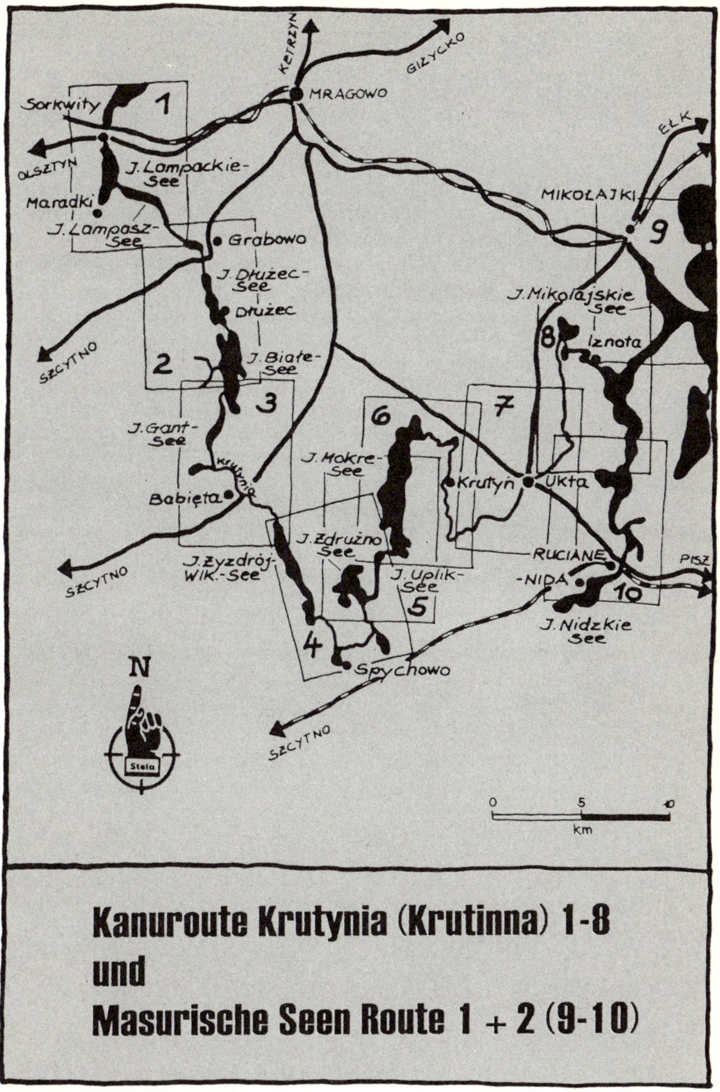

Kanuroute Krutynia (Krutinna) 1-8
und
Masurische Seen Route 1 + 2 (9-10)

Leihboote

Paddelboote aus Sperrholz, die wahnsinnig schwer sind, werden in der PTTK-Station Sorkwity je 24 Stunden für ca. DM 4 ausgeliehen, während Boote aus Kunststoff DM 5 kosten.

Der Rücktransport eines Bootes ist von Mikolajki aus nicht möglich, wohl aber von Ruciane Nida (Rudschauny) am südlichen Ende des **Jez. Beldany** und von Krutyn. Dieser Service kostet je Boot ca. DM 9 bzw. DM 7 (alle Angaben Stand August 1991).

In der Pension Mikolajki in Nikolaiken können Sie große Kunststoffkanus für etwa DM 10 pro Tag ausleihen.

Anreise

▸ Um zum **Einsatzpunkt** zu gelangen, fahren Sie von Olsztyn (Allenstein) kommend über eine Flußbrücke und biegen dann in ☞ **Sorkwity** von der Fernstraße 16 rechts an der Kreuzung ab. Nach 300 m biegen Sie links ab und fahren nach nur 20 m an der Schloßmauer aus Backstein rechts ab. Weitere 300 m auf einen schmalen Betonplattenspurweg bringen Sie zum PTTK, dem links ein kleiner, unbewachter Parkplatz vorgelagert ist. Die meisten Paddler lassen hier ihren Wagen stehen und holen ihn nach Beendigung der Tour wieder ab.

▸ Das **Parken** für Pkw oder Motorrad kostet je 24 Stunden umgerechnet ca. DM 0,40; Campingbusse ca. DM 1,00.

▸ Das **Übernachten** in den Campingholzhäusern kostet für 2 Personen ca. DM 10 und für 4 Personen DM 15, ein Hund ist mit DM 1,50 dabei. Für einen Zeltplatz mit einem Zweipersonenzelt werden ca. DM 2 verlangt und ein Wohnmobil schlägt mit ca. DM 8 zu Buche.

Brückendurchfahrt in Spychowo bei km 41 ☞

Es geht los!

km 0. Halten Sie sich von der PTTK-Station **Sorkwity** am Ostufer des **Jez. Lampackie** (Lampatzkie See) und biegen bei

km 1,5 nach links in eine durch Schilf verborgene Durchfahrt ein, die sich allmählich bei

km 2,5 zum engen und langgestreckten **Jez. Lampasz** (Lampasch See) öffnet. Während die linke Seite später von Steilufern dominiert wird, befinden sich rechts einige schöne Zeltplätze und eine große angelegte Badestelle mit Getränke-Kiosk und Tretbootverleih.

km 6,5. Straßenbrücke. Der nun folgende Sobiepanka-Fluß kann bei langer Trockenheit extrem flach sein. Wenn Treideln erforderlich ist, sollten Sie wegen der Steine Badeschuhe tragen.

Blick auf die Krutynia bei Ukta (km 73,5)

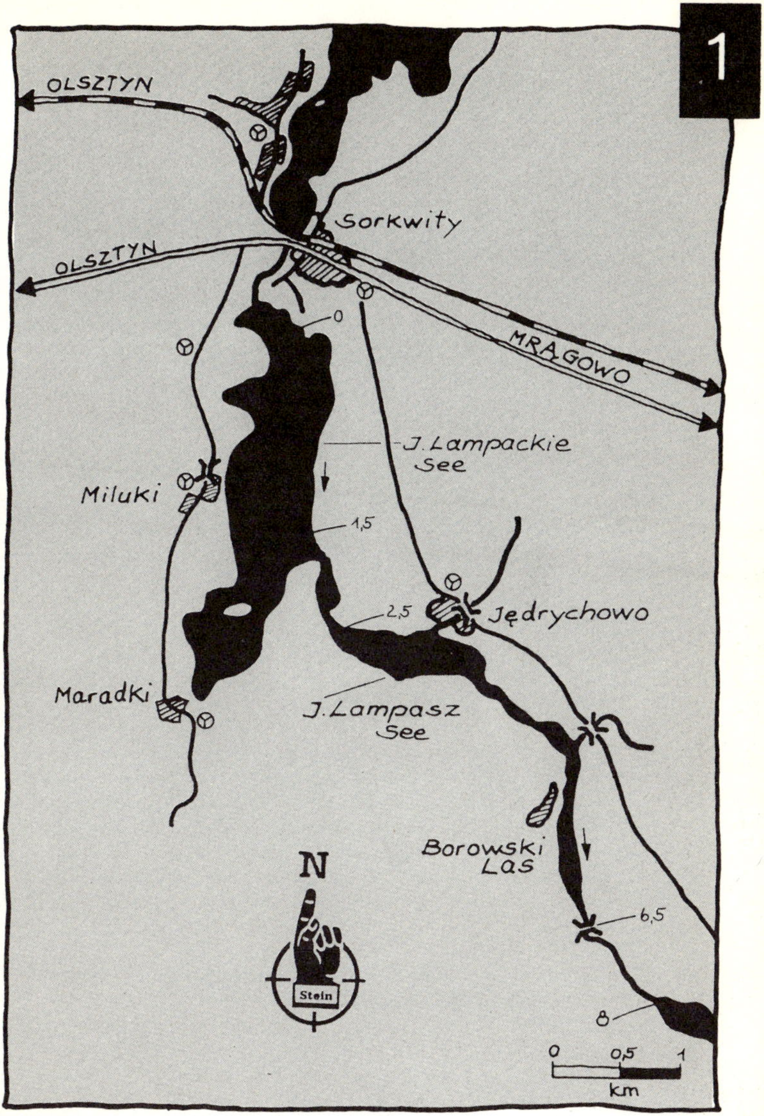

1
OLSZTYN
Sorkwity
OLSZTYN
0
MRĄGOWO
J. Lampackie
See
Miluki
1,5
2,5
Jędrychowo
Maradki
J. Lampasz
See
Borowski
Las
N
6,5
Stein
8
0
0,5
1
km

km 8 markiert den Eingang des **Jez. Kujno** (Kuino See). Links sind mindestens 3 sehr schöne Zeltplätze, während an einem Steg auf der rechten Seite ein weiterer privater Zeltplatz ist.

km 9,5. Die Sobiepanka tritt wieder aus dem See aus. Ein abgebrochener Baum liegt quer im Fluß, komplizierter Transport hindurch. Ein Stück weiter kommt ein Schild auf der rechten Seite mit der Aufschrift "Bar", also ein Getränkekiosk. 100 m weiter eine Straßenbrücke im Dorf Borowo. Es geht wieder durch flache Treidelstellen in den **Jez. Dluzek** (Langendorfer See).

km 11. Gleich nach der Einmündung in den See befindet sich auf der rechten Seite eine Anlegestelle mit Camping, Tretbootverleih und "Bar". Auf der Hälfte des Sees liegt auf der linken Seite auf einer mit einer Baumgruppe bestandenen Landzunge ein schöner Zeltplatz unterhalb eines Gehöftes auf Privatgelände.

km 15. Die Ausfahrt aus dem See ist nicht die erste links im Schilf, wie man vielleicht vermutet, sondern etwas weiter entfernt durch einen Schilfgürtel. Eine enge Durchfahrt führt in den nächsten Flußabschnitt. Er ist relativ harmlos, man muß nicht treideln.

km 15,5. Straßenbrücke. Vorsicht, auf der rechten Seite stecken Pfosten der alten Brücke im Wasser. Der **Jez. Biale** (Weiss See) ist erreicht.

km 16. Auf der zweiten Insel rechts befindet sich gut sichtbar ein sehr schöner Zeltplatz.
Die größere Insel, die weiter links voraus liegt, hat ebenfalls einen sehr schönen Zeltplatz. Die Zufahrt dorthin liegt zwischen der Insel und dem Festland auf der linken Seite. Gegenüber auf dem anderen Ufer befindet sich ein Anlegesteg, an dem man auch Zelten könnte.
Etwas weiter von dieser Zeltmöglichkeit liegt auf der rechten Seite ein offizieller Campingplatz. Halten Sie sich bei der Weiterfahrt auf der rechten (westlichen) Seeseite, damit Sie nicht in eine Sackgasse geraten. Schwanenkolonie.

km 18. Die Einfahrt zum folgenden Fluß Babiecka Struga ist an den Resten einer ehemaligen Brücke gut zu erkennen. Direkt dahinter in der Einfahrt zum Fluß ist auf der rechten Seite ein kleiner Platz, wo man zelten kann.

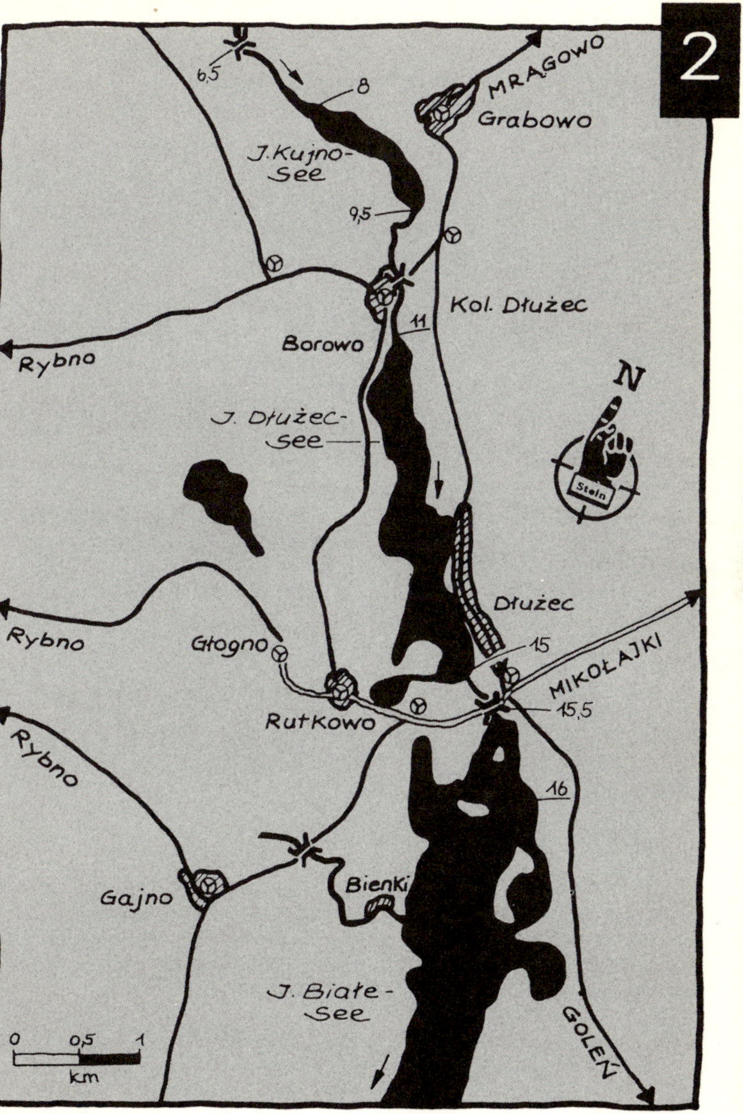
2
6,5
8
MRĄGOWO
Grabowo
J. Kujno-
See
9,5
Kol. Dłużec
11
Borowo
Rybno
N
Stein
J. Dłużec-
See
Dłużec
Rybno
Głogno
15
MIKOŁAJKI
Rutkowo
15,5
Rybno
16
Bienki
Gajno
J. Białe-
See
GOLEŃ
0
0,5
1
km

(km 18 fortgesetzt) Der Fluß führt traumhaft schön durch eine verwunschene Feuchtlandschaft mit ganz klarem Wasser und etwas Strömung.

km 18,5. Im Wasser unter einer neueren Brücke stecken Pfähle, die bei Normalwasser gut zu überfahren sind. Weiterfahrt über klarem Grund. Auf der linken Seite, bevor man auf den Ganther See kommt, ist eine Art Pfadfindercamp, ein kleiner Zeltplatz also.

km 19. Einfahrt zum **Jez. Gant** (Ganther See). Weiter rechts auf dem See befindet sich ein großes Jugendcamp und links vor dem Ausgang des Sees ist ein weiteres Jugendcamp, ansonsten gibt es kaum gute Zeltplätze.

km 22. Am Ende des Sees Einfahrt in den Fluß Babiecka Struga mit sehr viel Schilf davor. Kurz darauf erreichen Sie eine Holzbrücke und gleich danach liegt in einer Kurve ein kleiner Zeltplatz mit Wacholderbüschen.

km 23. Rechts mündet die Babieta ein, die den **Jez. Tejsowo** (Teissow See) und die höher gelegenen **Jez. Babiety Maly und -Wielki** (Kleiner- und Großer Krawno See) entwässern. In den Teissow See fließt auch die Teissow aus den beiden Babant-Seen weiter westlich kommend. Leider ist die Babieta wegen Hindernissen und Verkrautung kaum befahrbar und nur Abenteuerlustige können sich durchkämpfen.

km 24,5. In einer Linkskurve, an einen Nadelwald, liegt ein riesengroßer Zeltplatz mit einer leicht erkennbaren Zufahrt. Nur wenige hundert Meter weiter befindet sich eine weitere Campingmöglichkeit auf der linken Seite und nur 100 m weiter direkt unter Strommasten über den Fluß eine weitere Möglichkeit zum Zelten.

km 26. PTTK-Station mit Camping und Holzhütten.

km 27. Babieta (Babienten), Krämerladen rechts im Dorf. An der Mühle nimmt man den linken Flußarm und geht links vor der Brücke an einem kleinen Strand raus, trägt über die Straße und auf der anderen Seite wieder zum Wasser runter. Anfangs nach dem Wehr wenig Strömung, dann zunehmend. Vorsicht vor großen Steinen im Wasser.

km 30. Auf der linken Seite ein schöner kleiner Zeltplatz im Wald.

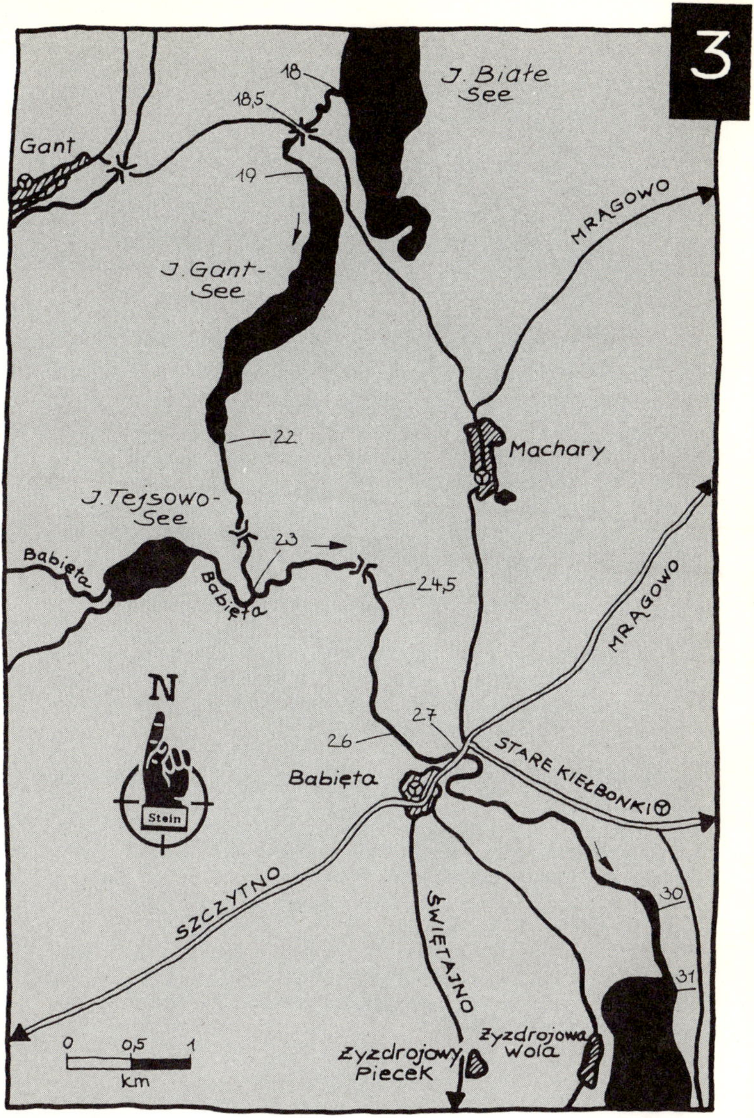
3
J. Białe See
18
18,5
Gant
19
J. Gant-See
MRĄGOWO
22
Machary
J. Tejsowo-See
Babięta
Babięta
23
24,5
MRĄGOWO
N
Stein
27
26
Babięta
STARE KIEŁBONKI
SZCZYTNO
ŚWIĘTAJNO
30
31
Zyzdrojowa Wola
Zyzdrojowy Piecek
0
0,5
1
km

km 31. Am Anfang des **Jez. Zyzdroj Wielki** (Großer Sysdroy See) befindet sich auf der linken Seite ein Campingplatz in einem feuchten Flachgebiet mit abgestorbenen Bäumen. Später auf der linken Seite ein Ferien-Jugendheim mit einem großen Steg und weitere Anlegestege mit Freizeithäuschen.
In Höhe des letzten Feriendorfes kleine Insel mit zwei Zeltmöglichkeiten. Ein Stück weiter auf der rechten Seite eine Halbinsel mit sehr vielen Zeltplätzen und gegenüber in einer kleinen Bucht ein kleiner Zeltplatz.

km 36. Seeverengung und Einfahrt in den **Jez. Zyzdroj Maly** (Kleiner Sysdroy See).

km 37. Halten Sie sich am linken Seeufer. Auf der Landzunge links liegt ein Campingplatz und eine Feriensiedlung. Wenn man um die Ecke gebogen ist, sieht man ein großes, rot ummauertes schleusenähnliches Tor (sluzy) am Ende einer weiten Bucht vor sich.
Als **Umtragung** stellt die Schleuse keine großen Anforderungen. Sie müssen Ihr Boot nur erst 50 m eine Art Deich auf der rechten Seite hinauf und drüben wieder hinunterschleppen. Parkähnliche Anlage, gut zum Picknicken geeignet.
Der Fluß windet sich breit wie eine Autobahn durch sumpfiges Gelände.

km 40. Einfahrt in den **Jez. Spychowskie** (Puppener See). Vom Kanuverleih links aus sieht man geradeaus den Kirchturm von **Spychowo** (Puppen) mit Post und Krämerladen. Die Durchfahrt ist gleich links um die Ecke; links am Schilf sind flache Stellen.

km 41. Brücke in Spychowo mit zwei Durchfahrten. Links sehr flach, rechts mit starkem Schwall. Am Anfang liegt ein großer Stein im Wasser. Durchfahrt ist bei hohem Wasser für Geübte möglich. Sonst linksgehend durchseilen und links wieder einsteigen.
Danach wird der baumbestandene Fluß Spychowska Struga flach mit sandigem Untergrund, aber befahrbar. Einige Stege auf beiden Seiten durch den Ort Spychowo hindurch.
Weiter flußabwärts folgen zwei Fußgängerbrücken aus Holz, dann taucht ein merkwürdiges Gebilde auf, nämlich senkrecht in den Fluß gerammte Dalben, die wie ehemalige Anleger aussehen. Später wird die Landschaft offener mit Birkenwäldchen, Wiesen, später mit Schilf, Weiden links und rechts.

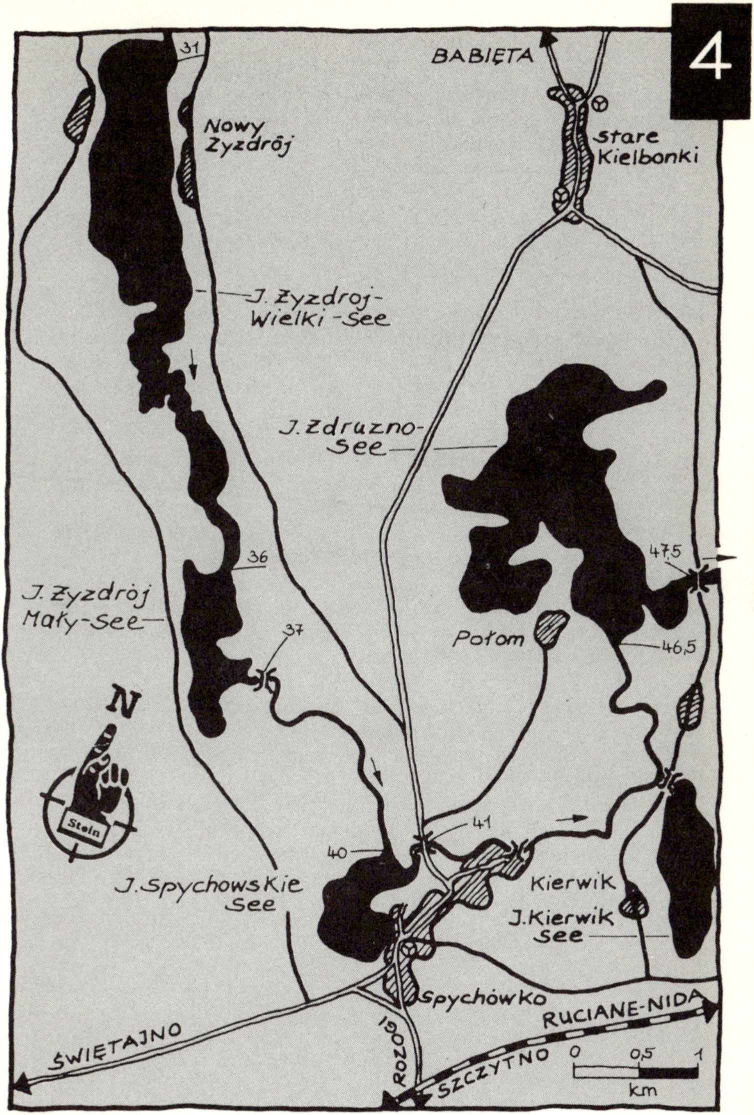
4
31
BABIĘTA
Nowy Żyzdrój
Stare Kiełbonki
J. Żyzdroj-Wielki-See
J. Zdruzno-See
47,5
36
J. Żyzdrój Mały-See
37
Połom
46,5
N
Stein
41
40
J. Spychowskie See
Kierwik
J. Kierwik See
Spychówko
RUCIANE-NIDA
ŚWIĘTAJNO
ROZOGI
SZCZYTNO
0
0,5
1
km

(Fortsetzung km 41) Nach einer weiteren Fußgängerbrücke taucht auf einem geraden Teilstück ein Schild auf, das sogar auf deutsch auf ein Naturschutzgebiet hinweist und besagt, daß das Zelten außerhalb markierter Stellen verboten ist.

km 46,5. Einfahrt in den **Jez. Zdruzno** (Sdrusno See). Halten Sie sich rechts am Ufer und biegen um eine Landzunge in einen kleine Bucht ein.

km 47,5. Ausfahrt aus dem Jez. Zdruzno, unter der Betonbrücke hindurch. Vorsicht, unter der Brücke stehen vier oder fünf alte Holzpfähle in einer Reihe im Wasser. 100 m nach der Brücke rechts Zeltmöglichkeit. Keinerlei Zeltmöglichkeiten ansonsten auf dem **Jez. Uplik** (Uplick See).

km 50. Die Durchfahrt zum **Jez. Mokre** (Mucker See) unter der Betonbrücke ist problemlos. Eine graue Mülltonne steht gleich rechts hinter der Brückendurchfahrt im Wald am Parkplatz. Hinter der Brücke halten Sie sich zunächst rechts und fahren um eine spitze Landzunge herum, dann nach links, genau nach Norden in den großen See.

Der Ort **Zgon** (Hirschen) mit Krämerladen liegt rechts am Ende der Bucht, hinter dem riesigen privaten Campingplatz, der abends von einer Oma in Kittelschürze abkassiert wird.

km 54. Biwakplatz am rechten Ufer. Beachten Sie das Zeltenverbotsschild am Ufer vorher, das auf den Biwakplatz hinweist. Oben führt ein Waldweg entlang und Forstaufseher verhängen Bußgelder, wenn Sie trotzdem dableiben.
Auf der nördlichsten Insel scheint ein schöner Zeltplatz zu sein; man sieht ein Segelboot dort liegen. Auf dem linken Seeufer sind ebenfalls einige Campingmöglichkeiten. Kurz vor dem Ende des Sees geht es scharf nach rechts in eine Bucht. Man erkennt nach kurzer Zeit eine Holzbrücke. Nach ungefähr 50 m kommt ein Wehr bei

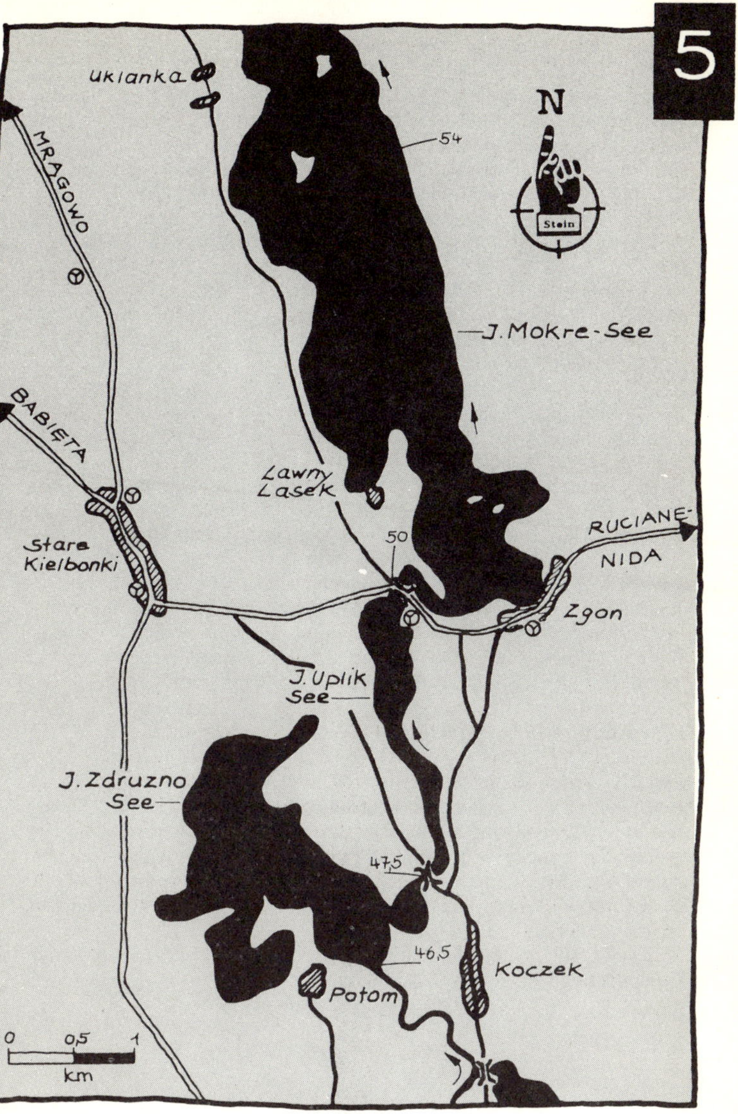
5
N
Stein
Ukianka
MRAGOWO
54
J. Mokre-See
BABIĘTA
Lawny
Lasek
Stare
Kielbonki
50
RUCIANE-
NIDA
Zgon
J. Uplik
See
J. Zdruzno
See
47,5
46,5
Koczek
Potom
0
0,5
1
km

km 56,5. Bevor man umträgt, stehen einige Pfähle im Wasser, die man vorsichtig navigieren muß. Als **Umtragung** dienen Holzbretter, nur 15 m weit rauf und dasselbe auf der anderen Seite wieder runter.
Ein Schild an der Brücke und eine Karte direkt am Wehr weisen darauf hin, daß das folgende Gebiet ein Naturschutzgebiet ist. Nachdem der Fluß sich nach einer Verbreiterung wieder verjüngt, fahren Sie in den **Jez. Krutynskie** (Kruttinnen See) ein, dem Sie am rechten Seeufer folgen.
Kurz vor dem Ausgang des Kruttinnen Sees liegt auf der rechten Seite ein kleiner Zeltplatz für ein oder zwei Zelte und direkt an der schmalsten Stelle, wo der See zum Fluß wird, sind auf der linken Seite verschiedene Zeltmöglichkeiten.

km 59. Der Fluß heißt ab hier erstmals Krutynia (Kruttinna). Er wird zwar flach, bleibt aber befahrbar. Auf der linken Seite befindet sich ein Ferienlager für Jugendliche.
Einige hundert Meter stromab befindet sich eine Betonbrücke und wenige Meter vorher stecken einige Bohlen von einer alten Brücke im Fluß. Vorsicht, die linke Durchfahrt ist steinig, die rechte ist besser.

km 61. Der Ort **Krutyn** (Kruttinnen) hat einen Krämerladen, ein Restaurant mit vergitterter Veranda (!) direkt am Fluß und einen Getränke-Kiosk. Das Restaurant ist beliebter Ausgangspunkt für gestakte Kahnfahrten auf der glasklaren und flachen Kruttinna. Anlegestege aus Metall und offizieller Zeltplatz unterhalb des Restaurants.

km 64. Betonbrücke von **Krutynski Piecek** (Kruttinnerofen).

km 65. Weiter stromab befindet sich die Mühle von **Zielony Lasek** (Grünheide). Rechts liegt die **Umtragestelle** mit einem kleinen Strand und einer Art Rutsche, an der man das Kanu gut rausziehen kann. Ein großer Bootswagen steht bereit, der gegen Gebühr von einem Opa verliehen wird. Man kann aber auch gut tragen, es sind nur knapp 100 m. Man setzt auf einem kleinen Sandstrand rechts fast direkt hinter der Mühle wieder ein.
Vor einer mit hohen Bäumen bestandenen Insel im Fluß rechts erste Campingmöglichkeit nach der Mühle.

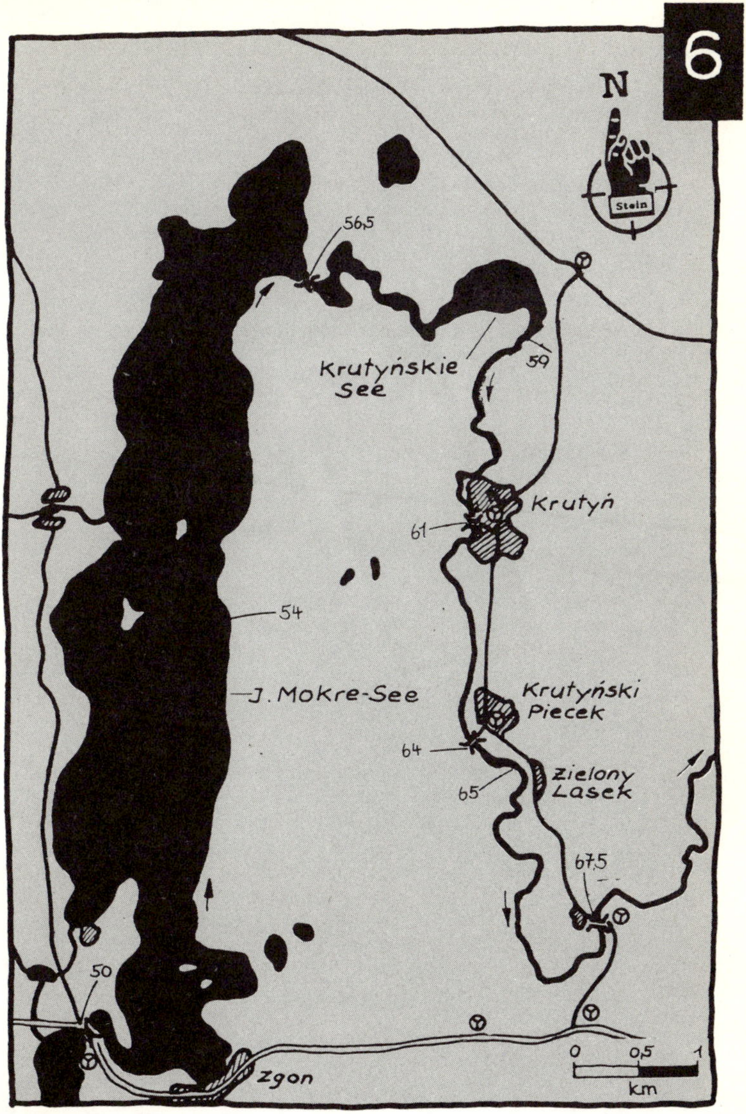
6
N
Stein
56,5
Krutyńskie
See
59
Krutyń
61
54
J. Mokre-See
Krutyński
Piecek
64
65
Zielony
Lasek
67,5
50
Zgon
0
0,5
1
km

km 67,5. Hinter der Brücke von **Rosocha** (Jägerswalde) gibt es keine Probleme bei der Durchfahrt. In einer Rechtskurve links gute Zeltmöglichkeit am Waldrand.

km 72,5. Gerade voraus taucht der Turm einer Kirche von ☞ **Wojnowo** (Eckersdorf) auf. In der weitgezogenen Flußschleife fließt ein Bach aus dem Duss See zu. Die Einfahrt ist hinter Schilf verborgen und sehr schwer zu finden.

Der Abstecher wäre eigentlich nur wegen des am Ufer des Duss See abgeschieden liegenden **Nonnenklosters der Philipponen** und wegen der vielen Wasservögel interessant. Zu Fuß sind es fast 4 km hin- und zurück, aber vielleicht kommen Sie ja mit dem Auto hier später mal vorbei.

km 73,5. Holzbrücke mit Eisenträgern. Unter der Brücke sind die Pfahlreste der alten Brücke noch zu sehen, kein Problem bei Normalwasser. Ab hier wird das Gelände links und rechts sumpfig, teilweise fährt man durch Schilffelder und später durch Weiden mit Kühen, aber auch Felder sind vorhanden.

Der Ort Ukta ist schon von weitem an einem großen grauen Speicherhaus auf der rechten Seite zu erkennen. An einer Anlegestelle rechts vor dem Dorf weist ein Uwaga-(Achtung!)-Schild auch auf Deutsch darauf hin, daß aus Naturschutzgründen das freie Zelten (Biwakieren) bis Iznota verboten ist und daß nur wenige Zeltmöglichkeiten in Nowy Most vorhanden sind.

km 75,5. Ein Stück weiter stromab in **Ukta** führt eine Betonbrücke über den Fluß. Direkt vor der Brücke ist links ein kleiner Strand zum Anlegen. Eine verräucherte Dorfkneipe liegt oben in der Straßenkurve - hier wird sogar wohlschmeckendes Bier vom Faß in großen Glaskrügen ausgeschenkt. Die Straße hinauf, an der Kirche vorbei, gibt es einen Laden wo man Brot, Bier, Limonade, Konserven usw. einkaufen kann.
Den Fluß ungefähr 500 m weiter, passiert man links und rechts die Bögen einer alten Feldstein-Eisenbahnbrücke. Rechts liegt eine PTTK-Station mit Camping und Holzhütten. Der Fluß windet sich weiter durch meist sumpfiges Weideland, bis er schließlich zu einem Biwakplatz bei

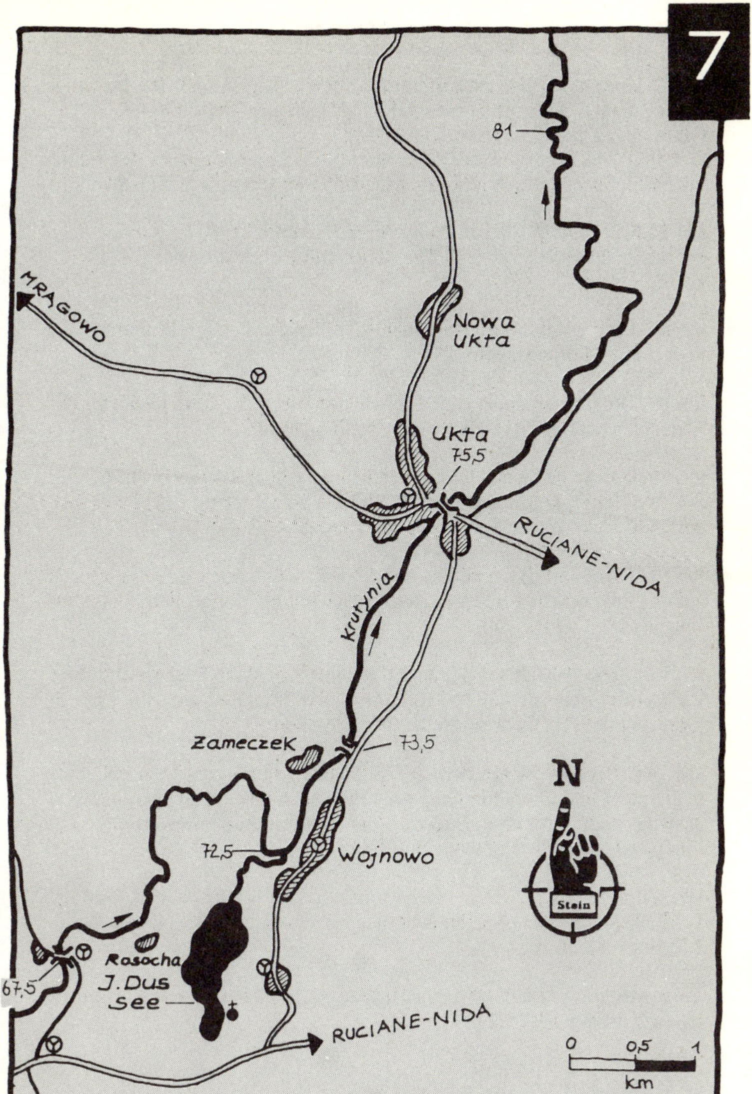
7
81
MRĄGOWO
Nowa
Ukta
Ukta
75,5
RUCIANE-NIDA
Krutynia
Zameczek
73,5
N
Stein
72,5
Wojnowo
Rosocha
J. Dus
see
67,5
RUCIANE-NIDA
0
0,5
1
km

km 81 kommt, auf den man direkt zufährt. Er liegt in einer Rechtskurve auf der linken Seite, er ist zwar schön groß, es gibt allerdings keine Toiletten - nur einen großen Abfallbehälter.
Der Fluß mäandert weiter durch eine offene Landschaft; die Ufer sind mit Schilf bestanden, es gibt praktisch keine weiteren Zeltmöglichkeiten.

km 83,5. Betonbrücke von **Nowy Most** (Neubrück). 500 m weiter liegt auf der rechten Seite eine PTTK-Station mit Holzhütten, kaum Platz für Zelte.

km 87. Einfahrt zum **Jez. Gardynskie**. Halten Sie sich rechts und biegen in den **Jez. Malinowka** ein.

km 88. Bei der Ausfahrt vom Jez. Malinowka in den **Jez. Jerzewko** befindet sich auf der linken Seite eine Zeltmöglichkeit.

km 90. Brücke in **Iznota**. Hinter der Brücke gibt es auf der rechten Seite auf Privatland Zeltmöglichkeiten, und ein Stück weiter auf der linken Seite auf einer Weide auf Privatland ebenfalls.

km 91. Direkt an der Ausfahrt auf die Bucht Zat. Iznocka befindet sich auf der linken Seite die letzte Zeltmöglichkeit vor der großen Seebefahrung.

km 91,5. Die Ausfahrt auf den **Jez. Beldany** (Beldahn See) ist mit einer Reihe von Fischernetzen fast völlig versperrt. Man muß sich eine Durchfahrt suchen oder über die Netze rüberrutschen.

Der **Jez. Beldany** ist mit dem **Jez. Sniardwy** (Spirdingsee) ein beliebtes Segelrevier und überall entlang der Ufer sind kleine selbstgebaute Anlegestege oder primitive Balken- und Baumstammkonstruktionen zu sehen, wo man teilweise sogar gut Zelten kann.

Wie weiter?

▸ Fortsetzung der Fahrt in Richtung Norden nach Mikolajki als Route 1 Masurische Seen.

▸ Fortsetzung der Fahrt in Richtung Süden nach Ruciane Nida als Route 2 Masurische Seen.

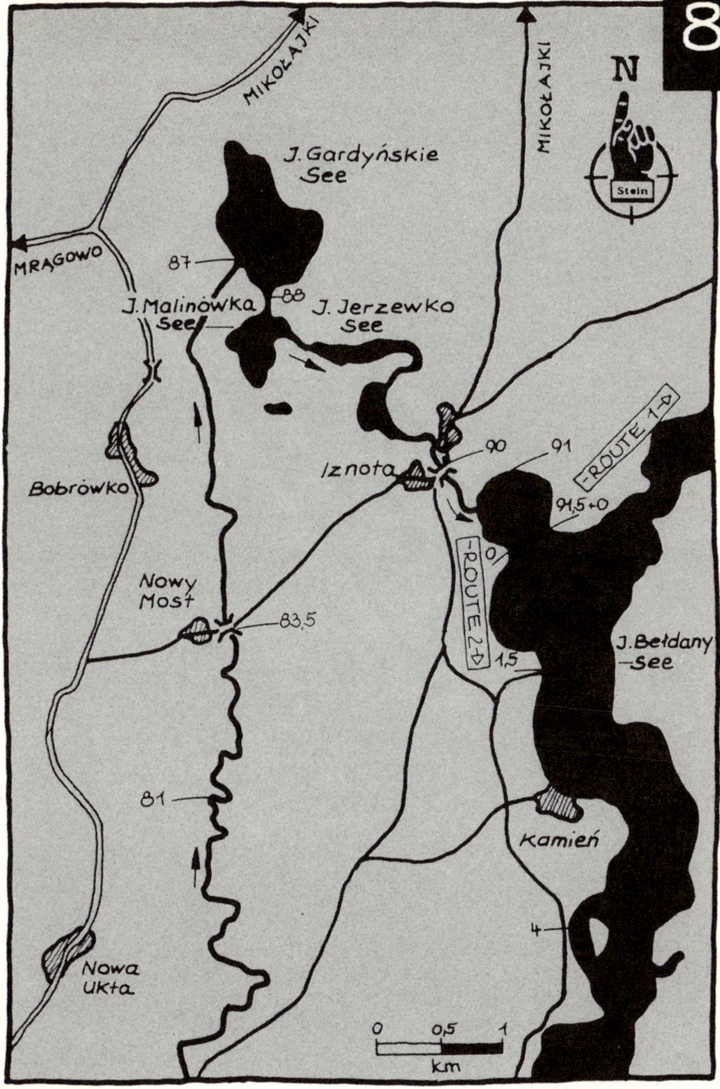
MIKOŁAJKI
MIKOŁAJKI
N
Stein
J. Gardyńskie
See
MRĄGOWO
87
88
J. Malinówka
See
J. Jerzewko
See
Iznota
90
91
91,5+0
-ROUTE 1-
Bobrówko
0
-ROUTE 2-
Nowy
Most
83,5
1,5
J. Bełdany
-See
81
Kamień
4
Nowa
Ukta
0
0,5
1
km

Kanuroute: Masurische Seen

Das sollten Sie wissen...
Die Masurische Seenplatte entstand als Folge der eiszeitlichen Gletscherbewegungen und ist den Seengebieten der Holsteinischen Schweiz, der Mecklenburger- und Brandenburger- und der Seenplatte des Oberlandes im heutigen Polen (☞ Kanugebiet Elblag-Kanal) vergleichbar.
Die Landschaft ist abwechslungsreich mit einer Unzahl großer und kleiner Seen, Flüssen, Bächen und künstlichen Kanälen. Der weniger besiedelte Süden ist stark bewaldet, während in der nördlichen Hälfte zwischen Feldern und Weiden nur noch wenige große Waldstücke erhalten geblieben sind.
Die Seen sind naturgemäß ein Dorado für Wassersportler, vom Kanuten über Windsurfern und Motorbootfahrern bis zu den Seglern. In der Hauptferienzeit herrscht oft drangvolle Enge auf den Seen und Flüssen und es kann schwierig sein, Zelt- oder Biwakplätze zu ergattern.

!!! Bedenken Sie, daß die segelnden Freizeitkapitäne oft mit einem Leihboot und nur einmal im Jahr ihr seglerisches Können unter Beweis stellen.

Verlassen Sie sich beim Paddeln nicht darauf, daß Vorfahrtsregeln bekannt sind bzw. Ausweichmanöver reaktionsschnell gefahren werden können.

!!! Die Seen sind in ihren Ausmaßen riesig groß, so daß aus Sicherheitsgründen eine ufernahe Befahrung dringend anzuraten ist.

Innerhalb einer Stunde kann der Wind mehrere Male umspringen und kabbelige Wellen bis zu einem halben Meter Höhe sind bei böigen Winden keine Seltenheit.

tip Ein Taschenkompaß kann das Navigieren ungemein erleichtern (vorher schon mal trocken an Land damit üben). Tip: OutdoorHandbuch "Karte & Kompaß" aus meinem Verlag.

In der Mitte der Seenlandschaft liegt die Kleinstadt Mikolajki (Nikolaiken). Sie und das weiter nördlich gelegene und größere Gizycko (Lötzen) sind die touristischen Hauptzentren (Kanu- und Segelbootverleih, Kneipen, Restaurants, vielfältige Übernachtungsmöglichkeiten).

Katholische Kirche in Mikolajki ☞

Ausflugsschiffe der Weißen Flotte verkehren vom 1. Mai bis zum 30. September auf der Route Wegorzewo, Gizycko, Mikolajki, Ruciane Nida. Sie können als Rückroute in Betracht gezogen werden.

Startpunkte
Da von den Orten und Camping-/Biwakplätzen derart viele Startmöglichkeiten vorhanden sind, gebe ich diese für die einzelnen Routen dort an. Einige Startpunkte sind aber auch zugleich Endpunkte anderer Routen.

Endpunkt
(sinngemäß wie unter Startpunkte).

Kanuroute
Mögliche Anschlüsse, Länge und Dauer sind bei der jeweiligen Route angegeben.

Rückroute
Länge, mögliche Anschlüsse und Verlauf sind bei der jeweiligen Route angegeben.

Karten
▸ PPWK-Karte Nr. 30-024 "**Wielkie Jeziora Mazurskie**", 1:120.000, zuletzt nachgedruckt 1990. Diese Karte deckt alle Routen des Kanugebietes Masurische Seen ab. Nicht nur wegen des Maßstabs weist die Karte erhebliche Mängel auf; mit Vorsicht zu genießen.

▸ PPWK-Karte Nr. 30-090 "**Jezioro Sniardwy**", 1: 60.000, zuletzt nachgedruckt 1989. Die gesamte südliche Masurische Seenplatte ist dargestellt.

▸ PPWK-Karte Nr. 30-095 "**Jezioro Mamry**", 1: 60.000, zuletzt nachgedruckt 1989. Die gesamte nördl. Masurische Seenplatte ist dargestellt.

Trotz des guten Maßstabs weisen diese beiden Karten Ungenauigkeiten auf. Sie sind aber auf jeden Fall der Karte 30-024 vorzuziehen.

Strömung
Keine, so daß alle Routen auch in entgegengesetzter Richtung gefahren werden können.

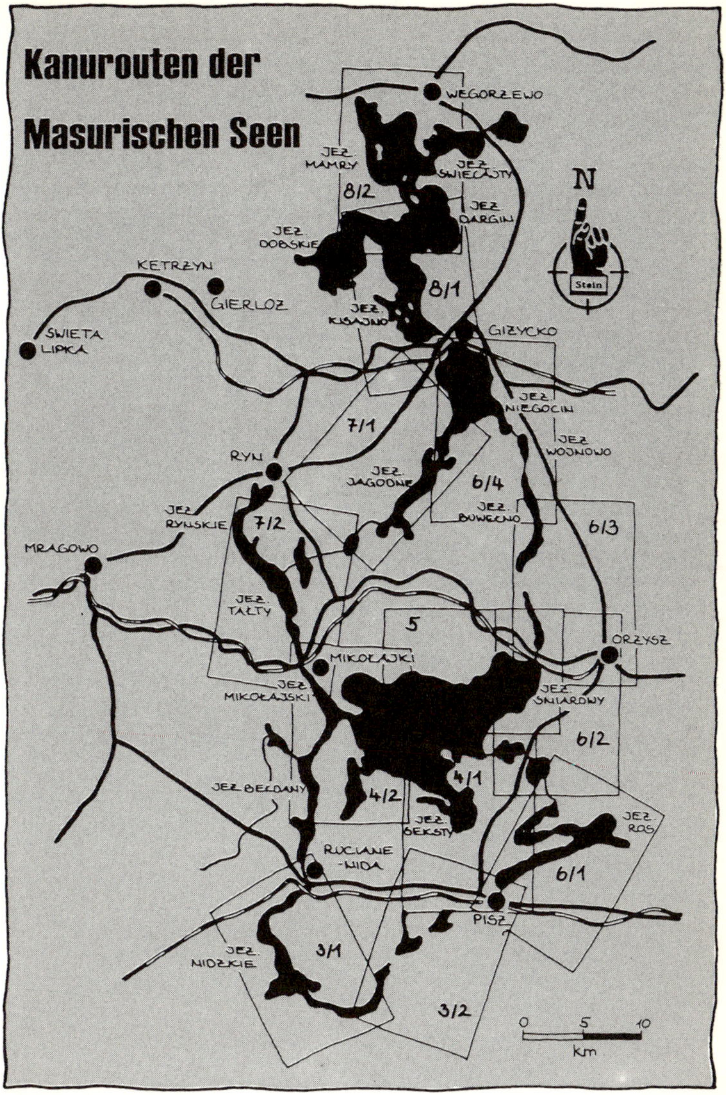

Kanurouten der Masurischen Seen
WEGORZEWO
JEZ. MAMRY
JEZ. SWIECAJTY
N
8/2
JEZ. DARGIN
JEZ. DOBSKIE
Stein
KETRZYN
GIERLOZ
8/1
SWIETA LIPKA
JEZ. KISAJNO
GIZYCKO
JEZ. NIEGOCIN
7/1
JEZ. WOJNOWO
RYN
JEZ. JAGODNE
6/4
JEZ. RYNSKIE
7/2
JEZ. BUWELNO
6/3
MRAGOWO
JEZ. TAŁTY
5
ORZYSZ
MIKOŁAJKI
JEZ. MIKOŁAJSKI
JEZ. SNIARDWY
6/2
JEZ. BEŁDANY
4/2
4/1
JEZ. BEKSTY
JEZ. ROS
RUCIANE -NIDA
6/1
PISZ
JEZ. NIDZKIE
3/1
3/2
0 5 10
km

Umtragungen
Bei einigen Routen sind längere Portagen vorhanden und dann ist ein Bootswagen unbedingt erforderlich.

Wasser
Sauber in Badewasserqualität. In den Häfen ist es allerdings durch Einleitungen der Haushalte und durch mangelndes Umweltbewußtsein der Segler stark verschmutzt.

Camping
Viele Biwak- und Campingplätze. Freies Zelten ist wegen der landwirtschaftlichen Nutzung der Uferstreifen (Rinder- und Pferdeweiden) oft nicht möglich bzw. nicht erlaubt.

Leihboote
Schwere Paddelboote aus Sperrholz werden in PTTK-Stationen ausgeliehen, während Kanus aus Kunststoff auch bei Privatvermietern erhältlich sind.

Anreise
Am besten reist man mit dem eigenen Auto von Westen kommend über die Fernstraße 16 via Olsztyn (Allenstein) an und fährt dann von dort den Startpunkt der jeweiligen Route an.
Per Bahn erreicht man die größeren Orte der Masurischen Seenplatte ebenfalls über den Umsteigebahnhof Olsztyn. Von hier gehts direkt nach Ruciane Nida (Rudschauny) und Pisz (Johannisburg), ebenfalls direkt nach Mikolajki (Nikolaiken) und mit Umsteigen in Ketrzyn (Rastenburg) nach Gizycko (Lötzen) bzw. Wegorzewo (Angerburg).

Schöne Forststraßen führen durch die Puszcza Piska ☞

Route 1

Das sollten Sie wissen...
Diese Route ist praktisch die Fortsetzung der Krutynia-Route bis Mikolajki.
Beim Befahren dieser Route von Mikolajki nach Süden muß die Beschreibung deshalb **von unten nach oben** gelesen werden. Will man nach Ruciane Nida (Rudschauny) weiterfahren, so schließt sich die Route 2 direkt bei km 0 an, während die Routen 4 und 5 bei km 5 beginnen.

Es geht los!
km 0. Ausfahrt von der Bucht Zal. Iznocka auf den **Jez. Beldany** (Beldahn See) See; Fischernetze (km 91,5 der Krutinya-Route).

km 5. Hinter der Autofähre bei **Wierzba** (Biwakplatz mit viel Betrieb) und den zwei Inseln im See fahren Sie nun links in den **Jez. Mikolajskie** (Nikolaiker See) hinein.

Um die rechts gelegene Landzunge herum gehts am Westufer des **Jez. Sniardwy** (Spirdingsee) entlang nach **Pisz** (Johannisburg) als Route 4 oder
als Route 5 am Nordufer des Sees zur Route 6, die durch die östlichen Gebiete der Masurischen Seenplatte nach Gizycko (Lötzen) führt.

km 12. ☞ **Mikolajki** (**Nikolaiken**). Die kleine Stadt liegt auf der Ostseite des Sees, während sich der Campingplatz links gegenüber befindet. Wegen der vielen Segelboote finden sich an der langgezogenen Hafenmole einige touristische Einrichtungen, wie eine verräucherte und stets überfüllte Kneipe, eine Art Restaurant mit Veranda, ein Bootszubehörladen, zwei kleine Schutzhütten, eine Wasserzapfstelle und eine preisgünstige Unterkunft.
Lebensmittelläden, ein Schlachterladen, eine Buchhandlung und ein Kiosk befinden sich 200 m weiter am Marktplatz. Etwas dahinter befindet sich die Post und davor zweigt eine kleine Marktstraße ab. Gut 1 km entfernt liegt der Bahnhof in nordöstl. Richtung an der Fernstraße 16.

Wenn Sie Ihr Kanu abstellen wollen, um Ihren Wagen z.B. aus Sorkwity abzuholen, fragen Sie in der direkt an der Mole gelegenen Pension "Mikolajki" (ul. Kajki 18, ☎ 16437) nach.

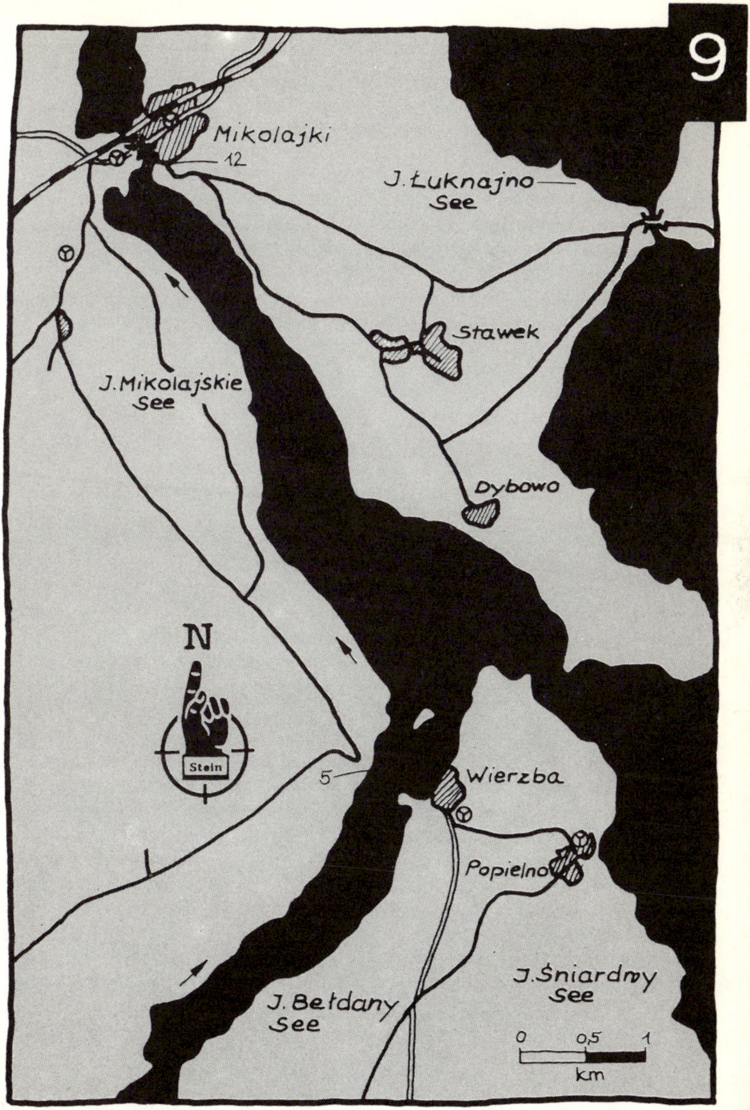
9
Mikolajki
12
J. Łuknajno
See
Stawek
J. Mikolajskie
See
Dybowo
N
Stein
5
Wierzba
Popielno
J. Śniardwy
See
J. Bełdany
See
0
0,5
1
km

Der freundliche Inhaber spricht gut Englisch und ein wenig Deutsch. Die Pension ist erst wenige Jahre alt, die Zimmer sind tiptop gepflegt und das Essen ist für polnische Möglichkeiten ausgezeichnet. Sehr zu empfehlen.

Wie weiter?

- ▸ Per Eisenbahn oder Bus zurück zum Einsatzpunkt der Krutynia-Route nach Sorkwity. Bahnfahrplan ☞ Kanuroute Krytynia unter "Rückroute".
- ▸ Die Fortsetzung der Kanufahrt nach Gizycko in Richtung Norden ist (in entgegengesetzter Richtung) beschrieben als Route 7.

Die Pension Mikolajki von der Promenade aus

Route 2

Das sollten Sie wissen...
Diese Route ist die direkte Fortsetzung der Krutynia-Route und erschließt den westlichen Teil der Masurischen Seen über die weiterführende Route 3 bis Pisz.
Da der **Jez. Beldahny** und der **Jez. Nidzkie** relativ schmale Rinnenseen sind, sind schöne Kanutouren zu erwarten.

Es geht los!
km 0. Ausfahrt vom Zat. Iznocka auf den **Jez. Beldany** (Beldahn See) See; Fischernetze (km 91,5 der Route Krutynia). Ab hier können Sie sich nach Süden wenden und nach **Ruciane Nida** (**Rudschauny**) fahren, z.B. wenn Sie ein Leihboot haben, das von dort zur PTTK-Station Sorkwity zurücktransportiert werden soll.

km 1,5. Die PTTK-Station **Kamien** mit Camping liegt am westlichen Ufer gleich hinter einer Landzunge.

km 4. Zeltplatz auf dem Festland gegenüber einer Insel.

km 6. Fahren Sie geradeaus über die sich rechts, mit einer Insel, öffnende Bucht Zal. Wygrynska bei **Wygryny** (Wigrinnen); Zeltmöglichkeiten. Der auf Karten eingezeichnete Wasserweg über den **Jez. Wygryny** läßt sich nicht bis hinunter nach Ruciane Nida befahren.

km 9,5. Schleuse **Guzianka**. Sie können sich mit vielen Segelbooten zusammen durchschleusen lassen oder umtragen, wenn es zu lange dauert. Hinter der Schleuse halten Sie sich auf dem **Jez. Guzianka Wielkie** (Großer Guszin See) am rechten Ufer.
Wenn Sie links abbiegen, gelangen Sie in den abseits liegenden und wenig befahrenen **Jez. Guzianka Maly** (Kleiner Guszin See) mit einer reichen Wasservogelwelt.
Die Hauptroute führt weiter durch dichten Schiffsverkehr bis Sie bei

km 13 den kleinen Ort **Ruciane Nida** (ehemals Rudschauny und Nieder) erreicht haben. Ein Segelboothafen befindet sich direkt neben dem Kanaldurchstich mit der Eisenbahn- und der Straßenbrücke. Campingplätze liegen 1,5 bzw. 2 km weiter links bzw. rechts im reizvollen **Jez. Nidzkie** (Nieder See) durch den Kanal hindurch.

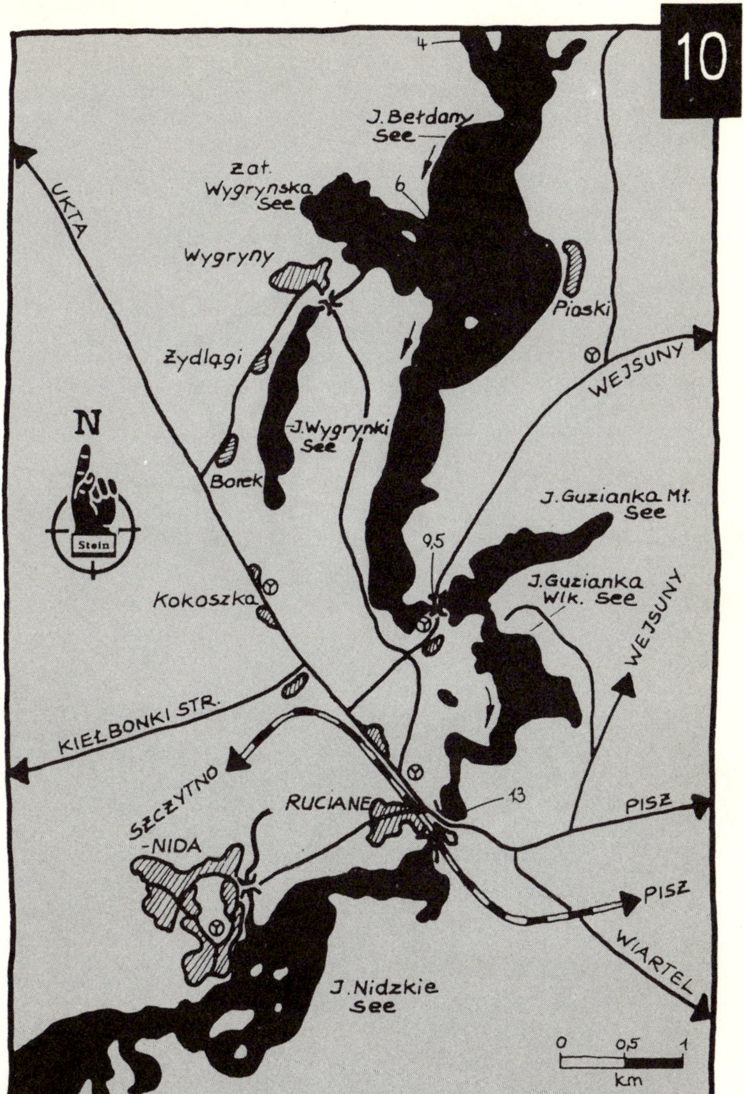

10
4
J. Bełdany
See
Zat.
Wygrynska
See
6
Wygryny
Piaski
Żydlągi
WEJSUNY
UKTA
N
Stein
J. Wygrynki
See
Borek
J. Guzianka Mł.
See
9,5
J. Guzianka
Wlk. See
Kokoszka
WEJSUNY
KIEŁBONKI STR.
SZCZYTNO
RUCIANE
13
PISZ
-NIDA
PISZ
WIARTEL
J. Nidzkie
See
0
0,5
1
km

An der Tankstelle vorbei gelangen Sie zu Fuß nach wenigen hundert Metern in den Ort mit einer Ladenzeile an der Hauptstraße. An Ständen gegenüber werden auch Obst und Gemüse angeboten.

Wie weiter?

- Wenn Sie die Krutynia-Route gefahren sind und nach Sorkwity zurückmüssen, können Sie mit dem eigenen Auto am schnellsten über Ukta und Mragowo (Sensburg) dorthin gelangen (desgl. per Bus und ab Mragowo ggf. per Bahn).
- Ausflugsboot ab 11 u. 14.30 Uhr an Mikolajki 13.30 bzw. 16.30 Uhr. Weiter mit Zug nach Sorkwity; Fahrplan ☞ Krutynia "Wie weiter?".
- Leihboote aus Sorkwity können Sie bei der PTTK-Station am Nieder See hinter dem rechts gelegenen Campingplatz und der Badeanstalt abgeben.
- Fortsetzung der Kanufahrt in Richtung Pisz als Route 3.

Bootshafen von Ruciane Nida

Route 3

Das sollten Sie wissen...
Diese Kanutour führt in den südlichen, abgelegeneren Teil der Masurischen Seenplatte, die mit dichtem Wald der Puszcza Piska (Johannisburger Heide) bestanden ist.
Ziel ist die Stadt Pisz (Johannisburg). Leider ist die Stadt von dieser Seite nicht auf dem Wasserweg zu erreichen und die Landkarten täuschen im Süden Wassernähe nur vor.

Ein Bootswagen ist unbedingt erforderlich oder ein Kanutransport per Auto über mindestens 13 km muß arrangiert werden.
Ist ein Bootswagen vorhanden, fallen drei Portagen von 2,5 km, 1 km und schließlich von 4,5 km Länge an.

Ausflugsboot der Weißen Flotte zwischen Ruciane Nida und der Schleuse Guzianka

Es geht los!

km 0. Ruciane Nida (mit den ehemaligen Ortsteilen Rudschauny und Nieder) war schon immer ein Touristenort in reizvoller Landschaft.
Im Ortszentrum, nur wenige hundert Meter vom See entfernt, befindet sich eine Ladenzeile an der Hauptstraße. Gegenüber werden an Marktständen auch frisches Obst und Gemüse angeboten.
Der kleine Segelboothafen liegt direkt neben dem 100 m langen Kanal mit der Straßen- und der Eisenbahnbrücke. Einfahrt in den **Jez. Nidzkie** (Nieder See).

km 1,5. Ein Campingplatz liegt links auf einer leicht bewaldeten Anhöhe.

km 2. Ein weiterer Campingplatz liegt rechts an einer Badestelle. Dahinter biegt der kleine Flußlauf ein, der von Wygryny nicht befahren werden kann (allerdings von dieser Seite aus bis zur Straßenbrücke nach Nida); PTTK-Station.
In diesem Teil des Sees liegen vier Inseln, hinter denen sich weitere gute Biwakmöglichkeiten am linken Ufer verbergen.

km 3. Der See verengt sich auf eine Breite von 300 m.

km 8,5. Rechts Bootsanlegestelle von Krzyze (Kreuzofen).

km 9. Eine spitze Landzunge ragt von rechts in den See. Halten Sie Kurs und fahren in südöstlicher Richtung an der rechts gelegenen Bucht **Zal. Zamordeje Wielkie** (Samordey See) vorbei. In der Bucht liegt am rechten Ufer ein Biwakplatz. Gegenüber auf der linken Seite öffnet sich ebenfalls eine Bucht, die von einer langen Halbinsel mit Steilhängen bei

km 11 mit einem Naturreservat (u.a. mit Reihern) gebildet wird.

km 13,5. See-Enge von 300 m Breite.

km 14,5. Links PTTK-Station mit Campingplatz.

km 18. See-Enge von nur 100 m Breite bei Struga.

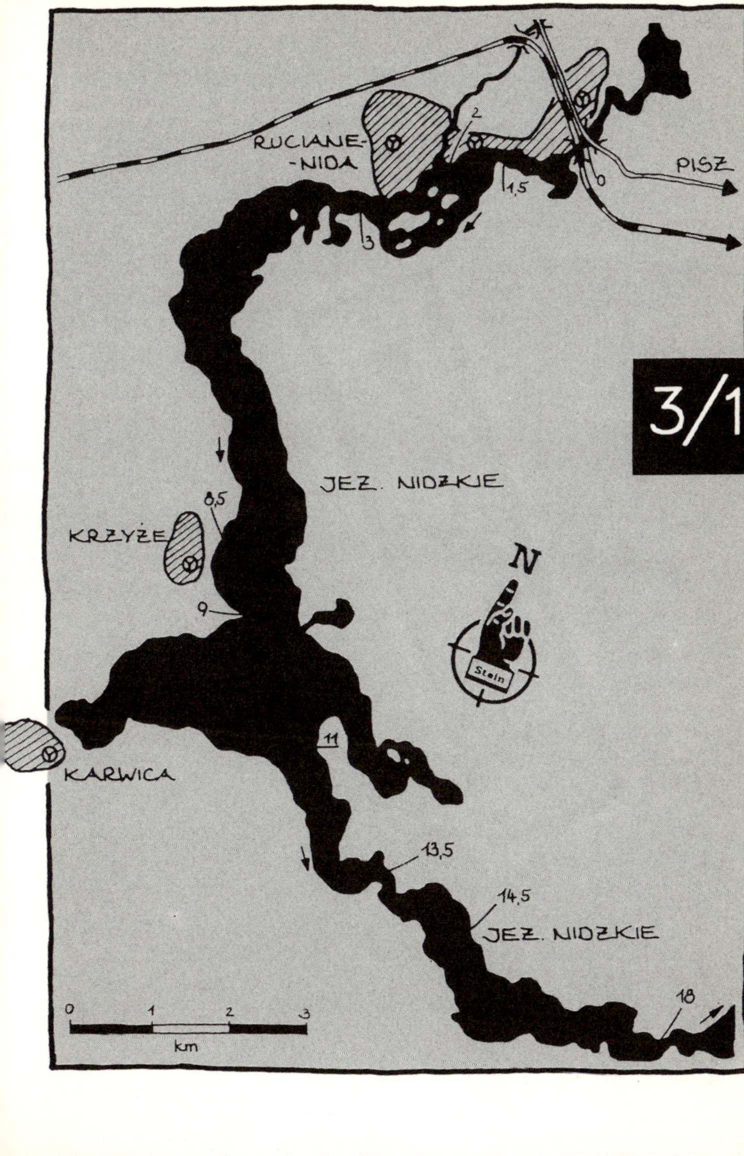
RUCIANE-
-NIDA
PISZ
2
1,5
0
3
JEZ. NIDZKIE
8,5
KRZYŻE
9
N
Stein
11
KARWICA
13,5
14,5
JEZ. NIDZKIE
18
0
1
2
3
km

3/1

km 22. Das Ende des Sees ist bei **Jaskowo** (Jaschkowen) erreicht.

Der 1,5 km lange und auf den Karten eingezeichnete Flußlauf ist am unteren Ende dicht verkrautet und mit Schilf bestanden. Er wird nach oben hin immer flacher und auf den letzten paar hundert Metern zur stinken, schlammigen Kloake. Ein Befahren dürfte selbst bei Hochwasser nach viel Regen im Frühsommer kaum möglich sein.

Ist das Wasser zu flach, fahren Sie gleich links in die kleine Bucht von Jaskowo ein, und gehen am linken Ufer an Land. Von hier aus haben Sie mehrere Möglichkeiten:

- Sie haben einen **Bootswagen** und wollen ihn möglichst viel benutzen. Dann lesen Sie die Routenbeschreibung komplett zu Ende.

- Sie haben ein **zweites Auto** zur Verfügung. Dann sollten Sie es hier geparkt haben und jetzt die Kanus bis Pisz auf dem Dach transportieren.

- Sie haben keinen Bootswagen und kein zweites Auto. Dann bleibt Ihnen nur entweder **zurückzufahren** oder **jemanden aufzutreiben**, der Sie und Ihr Boot nach Pisz transportiert.

Ein gut ausgebauter Feldweg führt zur Staumauer bei

km 24 im Ort Wiartel. Links an der Staumauer ist ein Restaurant und rechts den Hügel hoch ist die Post und der Lebensmittelladen.

Sie überqueren den **Jez. Wiartel** (Wiartel See). Links öffnet sich eine schmale Bucht mit einer kleinen Insel davor. Auf der Insel und auf der Landspitze nebenan gute Zeltmöglichkeit.

km 26,5. Am Ostende des Sees liegt ganz rechts ein großer Campingplatz mit Ferienhütten und einer Badeanstalt. Etwas weiter links davon befindet sich am Ufer ein sehr schöner langgezogener, schattiger Biwakplatz.
Der auf der Karte eingezeichnete Verbindungskanal ist vom See her nicht auffindbar. Er entpuppt sich später als ein 10 cm flacher, mit Hindernissen übersäter Graben durch den Wald.
Hier kommt der **Bootswagen** wieder zum Einsatz, der auf einem Waldweg knapp 1 km weit gezogen werden muß.

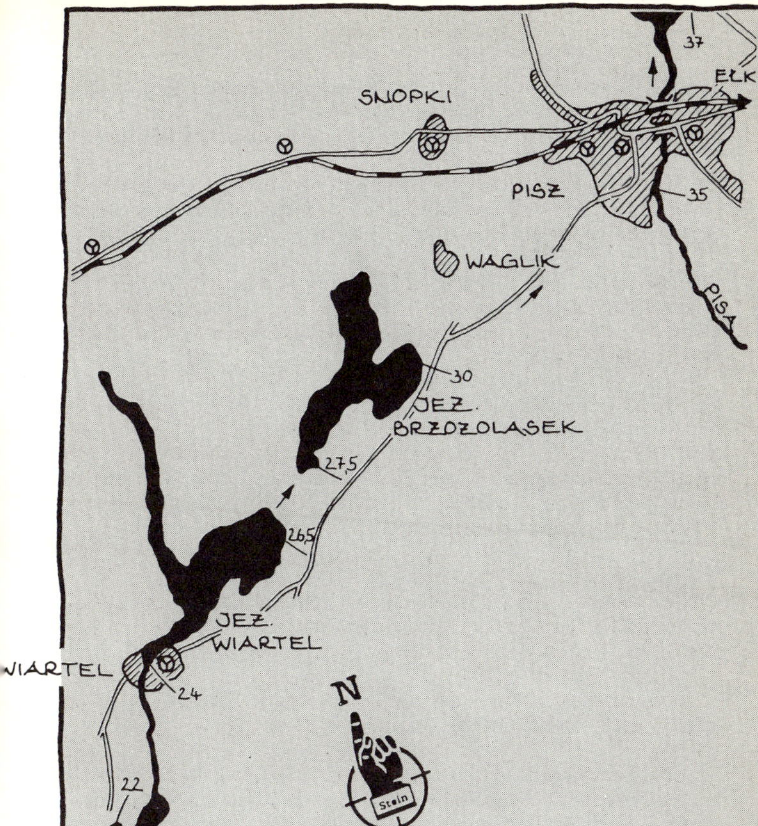

37
EŁK
SNOPKI
PISZ
35
WAGLIK
PISA
30
JEZ.
BRZOZOLASEK
27,5
26,5
JEZ.
WIARTEL
WIARTEL
24
N
Stein
22
JEZ.
NIDZKIE
18
0
1
2
3
km

3/2

km 27,5. Einsetzen in den **Jez. Brzozolasek** (Prosolassek See). Biegen Sie später in die rechte Bucht des Sees ein. Der auf der Karte eingezeichnete schmale Seearm bis hinter Waglik ist nicht mehr vorhanden.

km 30. PTTK-Ferienheim (mit Campingplatz nebenan, aber nicht am Wasser). Der auf der Karte eingezeichnete Graben vom See zur Straße ist zwar vorhanden, aber viel zu seicht und zu modderig zum Treideln.

Am besten nehmen Sie beim PTTK das Boot aus dem Wasser und gehen mit dem **Bootswagen** etwa 5 km weiter bis zum Fluß **Pisa** (Pissek) und setzen dort wieder ein - oder Sie finden hier jemand, der Sie und das Kanu nach Pisz fährt.

km 35. Sie setzen in der Pisa ein und fahren durch die Stadt unter einer Straßen- und Eisenbahnbrücke hindurch bis rechts bei

km 37 der Campingplatz "Camp Pisz" mit einigen Hütten, Badeanstalt, Kanu- und Segelbootsverleih, Lebensmittelladen (sogar Frühstücksbrötchen gab es) und Imbiß auftaucht.

Wie weiter?

▸ Sie können 15 km mit der Bahn oder dem Bus nach Ruciane Nida zurückfahren. Bahnhof und Busstation liegen im westlichen Teil der Stadt etwa 1 km von der Pisa entfernt.

▸ Fortsetzung der Kanufahrt als Route 4 nach Mikolajki oder als Route 5 nach Gizycko über die Ostroute.

▸ Eine zweitägige Kanurundtour führt zunächst über die Route 4 bis km 8, dann weiter auf der Route 4a und über die Route 6 in entgegengesetzt beschriebener Richtung zurück nach Pisz.

▸ Fortsetzung der Kanufahrt nach Süden über die Pisa und Narew nach Warschau in die Wisla (Weichsel): knapp 260 km; nicht beschrieben.

Route 4

Das sollten Sie wissen...
Diese Route führt Sie am Westufer des größten polnischen Sees, dem **Jez. Sniardwy** (Spirdingsee) mit 106 km^2 Größe, unter Einbeziehung der Route 1 nach Mikolajki (Nikolaiken) oder über die Routen 1 und 2 nach Ruciane Nida (Rudschauny).

Außer bei Winden aus süd- oder westlichen Richtungen sollten Sie bei stärkeren Winden aus anderen Richtungen wegen gefährlicher Wellenbildung diese Route nicht befahren.

Wenn Sie sich dicht unter Land halten, ist ein Kompaß nicht unbedingt erforderlich, aber vielleicht ganz dienlich.

Kleine Anlegestege sind oft zu finden

Es geht los!

km 0. Campingplatz "Camp Pisz" mit einigen Hütten, Badeanstalt, Kanu- und Segelbootsverleih, Lebensmittelladen und Imbiß. Zu Fuß oder mit dem Fahrrad können Sie vom Platz den Weg immer am Ufer und dann am Kanal entlang in die Stadt Pisz benutzen.
Mit dem Auto überqueren Sie von Pisz aus zunächst die Kanalbrücke. Dann fahren Sie die erste Straße links ab und gleich hinter der Eisenbahnbrücke wieder rechts. Jetzt folgen Sie den Schildern "Camp Pisz", die in der Form eines Schwans gemalt sind.

Legen Sie vom wackeligen Steg des Bootshauses ab und überqueren Sie den **Jez. Ros** (Rosch- oder Warschau See) und fahren in den bei

km 1 genau gegenüberliegenden Kanal Jeglinski (Jeglinnen-Kanal) ein; Zeltmöglichkeit.

km 4. Straßenbrücke bei Jeglin.

km 5,5. Schleuse Karwik. Keine oder geringe Gebühr.

km 6. Einfahrt in den **Jez. Seksty** (Sexter See). Drei Buchten tun sich gegenüber auf, die mittlere ist die Durchfahrt zum **Jez. Sniardwy** bei

km 8. Auf dem bewaldeten Landvorsprung rechts davon liegt ein schöner Biwakplatz, der leider auf sandigen Waldwegen auch per Auto erreichbar ist und deshalb gern von Familien mit Beschlag belegt wird. Trotz eines großen Müllcontainers war die Müllsituation bei unserem Besuch prekär.
Ein Pfad führt an weiteren Zeltmöglichkeiten 1,5 km ans Ende der Bucht zu dem Dorf **Zdory** (Sdorren) mit einem kombinierten Lebensmittelladen/Kneipe.

Weiterfahrt in den Jez. Sniardwy.

Abzweig nach Osten zur Route 6 bei km 28,5 (Rundtour nach Pisz oder Fortsetzung der Kanufahrt nach Gizycko) als Route 4a beschrieben.

Auf dem Westufer gibt es wegen des dichten Schilfbewuchses keine Zeltmöglichkeit bis

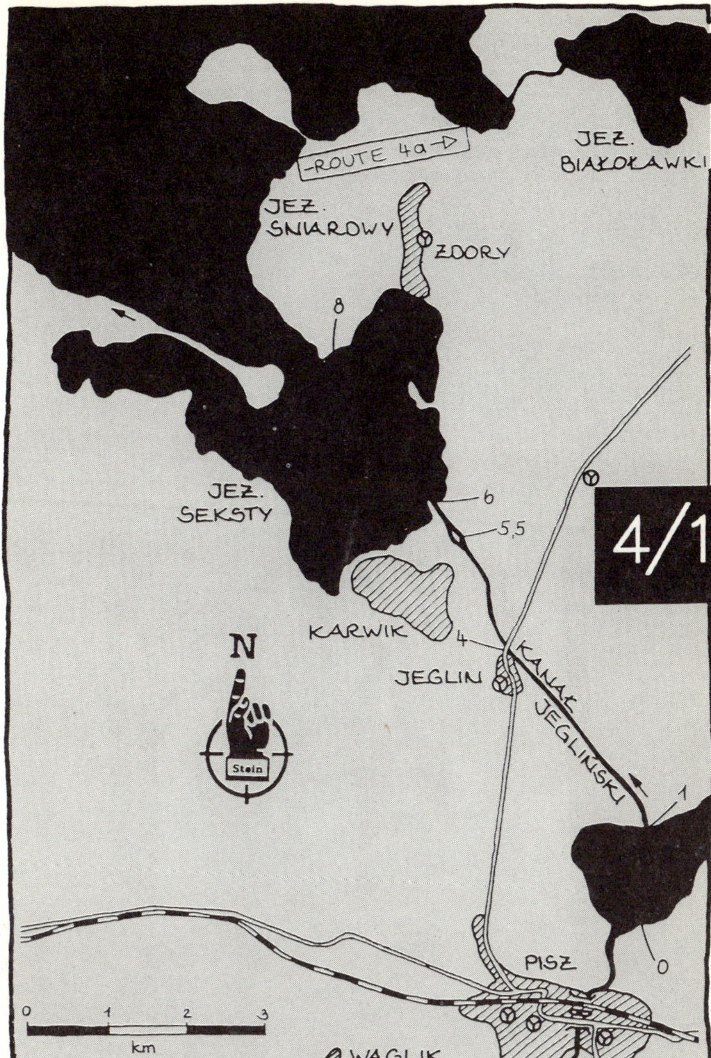

-ROUTE 4a-▷
JEZ. BIAŁOŁAWKI
JEZ. SNIAROWY
ZDORY
8
JEZ. SEKSTY
6
5,5
KARWIK
4
KANAŁ JEGLIŃSKI
JEGLIN
N
Stein
1
0
PISZ
0 1 2 3
km
WAGLIK

4/1

km 13,5. Biwakplatz.

km 15,5. Links öffnet sich eine 400 m breite Verbindung zum **Jez. Warnolty** (Warnold See), der wenig befahren und relativ flach mit kräftigem Wasserpflanzenbewuchs ist.

km 21. Einfahrt in den **Jez. Mikolajskie**.

Wie weiter?

▸ Fortsetzung der Kanutour nach Norden auf der Route 1, km 7, nach Mikolajki.

▸ Fortsetzung der Kanutour nach Süden auf der Route 1, km 7, und dann auf der Route 2, km 0, nach Ruciane Nida.

Biwakplatz bei Zdory (Route 4, km 8)

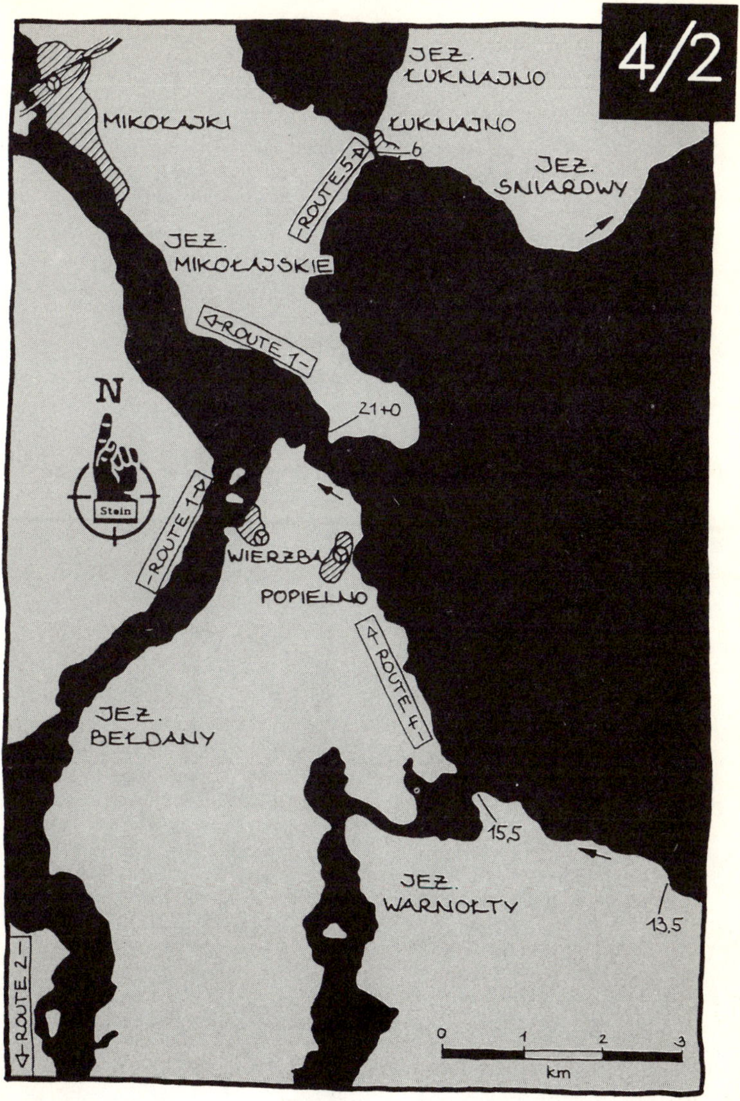
4/2
JEZ.
ŁUKNAJNO
MIKOŁAJKI
ŁUKNAJNO
6
-ROUTE 5-
JEZ.
SNIARDWY
JEZ.
MIKOŁAJSKIE
-ROUTE 1-
N
21+0
Stein
-ROUTE 1-
WIERZBA
POPIELNO
-ROUTE 4-
JEZ.
BEŁDANY
15,5
JEZ.
WARNOŁTY
13,5
-ROUTE 2-
0
1
2
3
km

Route 4a

Es geht los!
Wenn Sie sich bei km 8 der Route 4 rechts halten und die mit einem Damm verbundene Insel **Szeroki Ostrow** (Spirdingswerder) umfahren, gelangen Sie nach etwa 10 km Fahrt an den Ausfluß der Wuzla aus dem Spirdingsee.

Wie weiter?
Von hier können Sie auf der Route 6 (bei km 28,5 entgegen der Routenbeschreibung) nach Pisz zurückfahren oder die Kanufahrt nach Gizycko fortsetzen (Bootswagen erforderlich).

Durchfahrt zwischen den Seen Mikolajskie und Sniardwy

Route 5

Das sollten Sie wissen...

Diese Route verbindet Mikolajki (Nikolaiken) über das Nordufer des **Jez. Sniardwy** (Spirdingsee) mit der Route 6, die durch den Osten der Seenplatte führt.

Der Spirdingsee ist mit 106 km^2 der größte See Polens und äußerst launisch und deshalb gefährlich.

Außer bei nördlichen und westlichen Winden sollten Sie bei stärkeren Winden aus anderen Richtungen wegen gefährlicher Wellenbildung diese Route nicht befahren.

Wenn Sie sich dicht unter Land halten, ist ein Kompaß nicht unbedingt erforderlich, aber dienlich.

Fische

Geangelt werden darf nur mit einem Angelschein, der in örtlichen Reisebüros oder beim polnischen Angelsportverband erhältlich ist. "Petri Dank"-Erlebnisse können Sie bei folgenden Fischarten (in alphabetischer Reihenfolge) haben: Barsche, Forellen, Hechte, Karauschen, Plötze, Schleie, Welse und Zander. Die berühmten masurischen **Maränen**, die *meist geräuchert angeboten werden, sind Netzfische, die in 20 bis 40 m Tiefe leben.*

Bärenfang

Das Originalrezept der Pruzzen schrieb reinen Alkohol und Honig im Verhältnis einszueins vor und diente ursprünglich als Betäubungsmittel zum Fang von Bären - deshalb gibts in Masuren keine mehr. Auch wenn das für den menschlichen Genuß auf Flaschen gezogene Getränk heute nur einen minderalkoholischen Gehalt hat, ist Vorsicht geboten.

Es geht los!

km 0. Einfahrt von Mikolajki, Ruciane Nida oder Krutinya kommend in den Jez. Sniardwy (Spirdingsee) bei km 21 der Route 4.

Umrunden Sie nun die links gelegene Halbinsel, die eine 2,5 km breite Bucht bildet. Am Ufer dieser Bucht bestehen keine Zeltmöglichkeiten, ausgenommen an der Brücke bei km 6.

Eine direkte Buchtüberquerung würde ich nur bei wirklich unbedenklichem Wetter wagen. Ansonsten sollten Sie der Uferlinie bis

km 6 folgen. Hier führt eine 200 m lange natürliche Verbindung in den **Jez. Luknajno** (Lucknainer See), der ein riesiges Naturschutzgebiet für Schwäne ist (fast tausend sollen hier leben) - deshalb ist das Befahren des meist nur einen Meter tiefen Sees auch für Paddler verboten.

An der Straßenbrücke bei dem Dorf **Luknajno** (ehemals Gut Lucknainen) können Sie aussetzen und von der Brücke oder von den westlich gelegenen Wiesen aus mit einem Fernglas die Wassservogelwelt beobachten.

Folgen Sie dem Ufer weiter und umrunden Sie eine bewaldete Halbinsel. Nur wenige einzelne Gehöfte sind am Ufer zu sehen bis Sie bei

km 17 eine Landzunge umfahren. Sie überqueren nun eine flache Bucht, in deren Mitte ein kleiner Bach aus dem **Jez. Tuchlin** (Tuchlinner See) fließt.

km 18. Von der anderen Seite der Bucht folgen Sie dem Ufer weiter bis bei

km 24 das Dorf **Okartowo** (Eckersberg) mit einer Eisenbahn- und Straßenbrücke erreicht ist.

Wie weiter?

- Rückkehr per Bus oder Bahn nach Mikolajki. Der Bahnhof der Linie Mikolajki - Orzysz - Elk liegt gut 500 m rechts von der Brücke.
- Fortsetzung der Kanutour auf der Route 6 in Richtung Süden nach Pisz (in entgegengesetzter Richtung beschrieben) oder nach Norden am selben km 40 auf der 6er-Route in Richtung Gizycko.

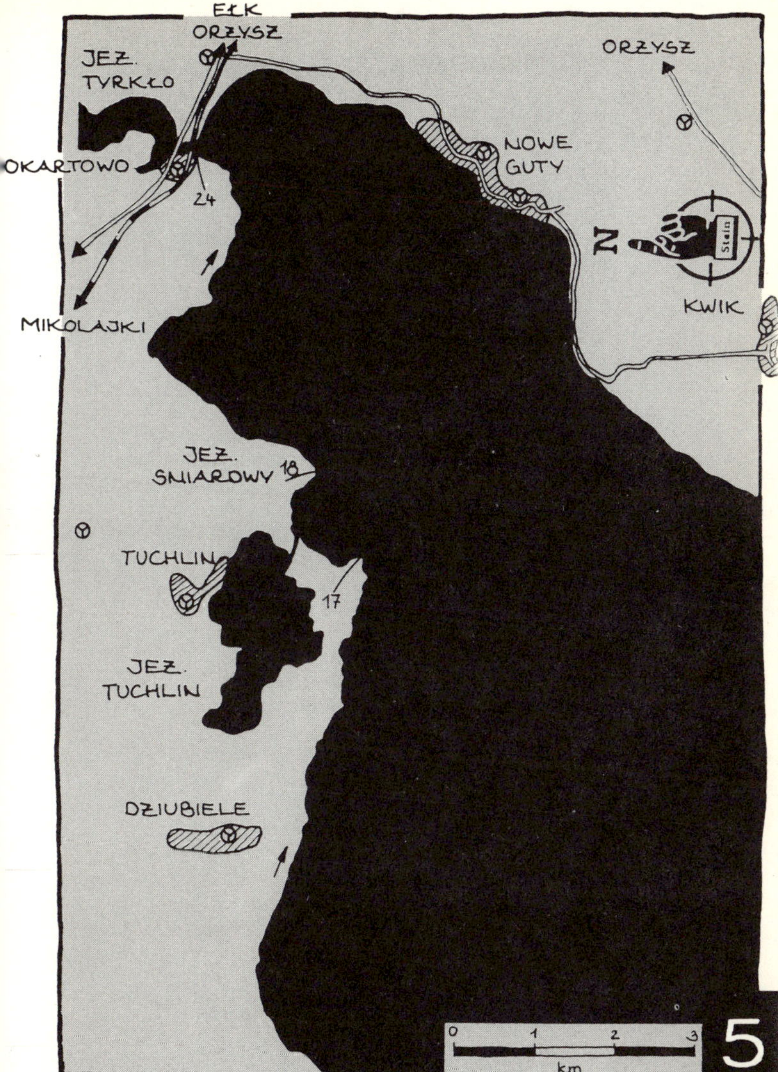

EŁK
ORŻYSZ
JEŻ.
TYRKŁO
OKARTOWO
24
MIKOLAJKI
ORŻYSZ
NOWE
GUTY
N
Stein
KWIK
JEŻ.
SNIAROWY
18
TUCHLIN
17
JEŻ.
TUCHLIN
DŻIUBIELE
0
1
2
3
km

5

- Basiswissen für Draußen -

Die neuen OutdoorHandbücher aus dem Conrad Stein Verlag helfen dort gezielt weiter, wo Sie in anderen Büchern nur Informationen unter "ferner liefen" finden:

- Auf Ihr Outdoor-Thema **konzentriert**: **anschaulich** und **praxisnah**.

- Geballte Information im Kleinformat: **stark** und **kompakt**.

- **Tips** und **Kniffe** von Leuten, die "drinstecken", für Leute, die draußen sind.

- Zum Vorherlesen, zum Mitnehmen, zum Nachmachen: **kurz** und **knackig**.

OutdoorHandbücher - damit Sie den dicken Survival-Wälzer zu Hause lassen können.

Alle OutdoorHandbücher sind

mindestens 64 Seiten **stark**,
mit Fotos und/oder Skizzen illustriert
und kosten **DM 12,80**.

Im bewährten, handlichen Pocket-Format:
16,5 x 11,5 cm.

In Vorbereitung: Wildwasserfahren, Rucksackwandern, Zelten, Fotografieren, Überlebenstraining, Bergsteigen, Kanufahren, Skilanglauf, Küstenfahren im Kajak, Free Climbing, Erste Hilfe, Rettungsmaßnahmen, Kochen, Hypothermie, Snowboarding.

- Basiswissen für Draußen -

Route 6

Das sollten Sie wissen
Diese Route erschließt den östlichen Teil der Masurischen See von Pisz (Johannisburg) bis nach Gizycko (Lötzen) hinauf. Neben schönen Seen nördlich von Pisz führt die Strecke auch am Ostufer des riesigen **Jez. Sniardwy** (Spirdingsee) entlang.

Außer bei Winden aus süd- oder östlichen Richtungen sollten Sie bei stärkeren Winden aus anderen Richtungen wegen gefährlicher Wellenbildung diese Route nicht befahren.
Wenn Sie sich dicht unter Land halten, ist kein Kompaß erforderlich.

Ein **Bootswagen** ist für diese Route unbedingt erforderlich, da es keine Wasserverbindung zwischen dem Jez. Tyrklo und dem Jez. Buwelno gibt - oder Sie müssen alles die 2 km lange Portage schleppen.

Es geht los

km 0. Campingplatz "Camp Pisz" mit einigen Hütten, Badeanstalt, Kanu- und Segelbootverleih, Lebensmittelladen und Imbiß. Zu Fuß können Sie von Pisz den etwa 1 km langen Weg am Kanal entlang benutzen.

Mit dem Auto überqueren Sie von Pisz aus zunächst die Kanalbrücke. Dann fahren Sie die erste Straße links ab und gleich hinter der Eisenbahnbrücke wieder rechts. Jetzt folgen Sie den Schildern "Camp Pisz", die in der Form eines Schwans gemalt sind.

Legen Sie vom wackeligen Steg des Bootshauses ab und fahren in nordöstlicher Richtung den **Jez. Ros** (Rosch- oder Warschau See) entlang, der die Form eines plattgedrückten "S" hat.

km 8. Die erste S-Kurve ist erreicht, fahren Sie nach links um die stark verschilfte Landzunge in flachem Wasser herum. Nach rechts geht es in zwei große Buchten.

km 10. Sie fahren jetzt in westlicher Richtung und überqueren dabei eine kleine Bucht links. Am rechten Ufer liegt das Dorf **Pilchy** (Pilchen) mit einem soliden Anlegesteg. Links davon gibt es gute Zeltmöglichkeiten.

km 13. Die zweite S-Kurve ist erreicht. Fahren Sie rechts herum durch extrem flaches Wasser. Sie fahren jetzt in nordöstlicher Richtung.

km 14,5. Links liegt das Dorf **Szczechy Male** (Klein Zechen) mit Zeltmöglichkeit.

km 16. Auf der rechten Seite sehr gute Zeltmöglichkeit vor einer Ausbuchtung des Sees.

km 18. Ende des Sees und Einfahrt in den Fluß Wilkus gegen eine kaum wahrnehmbare Strömung. Brücke.

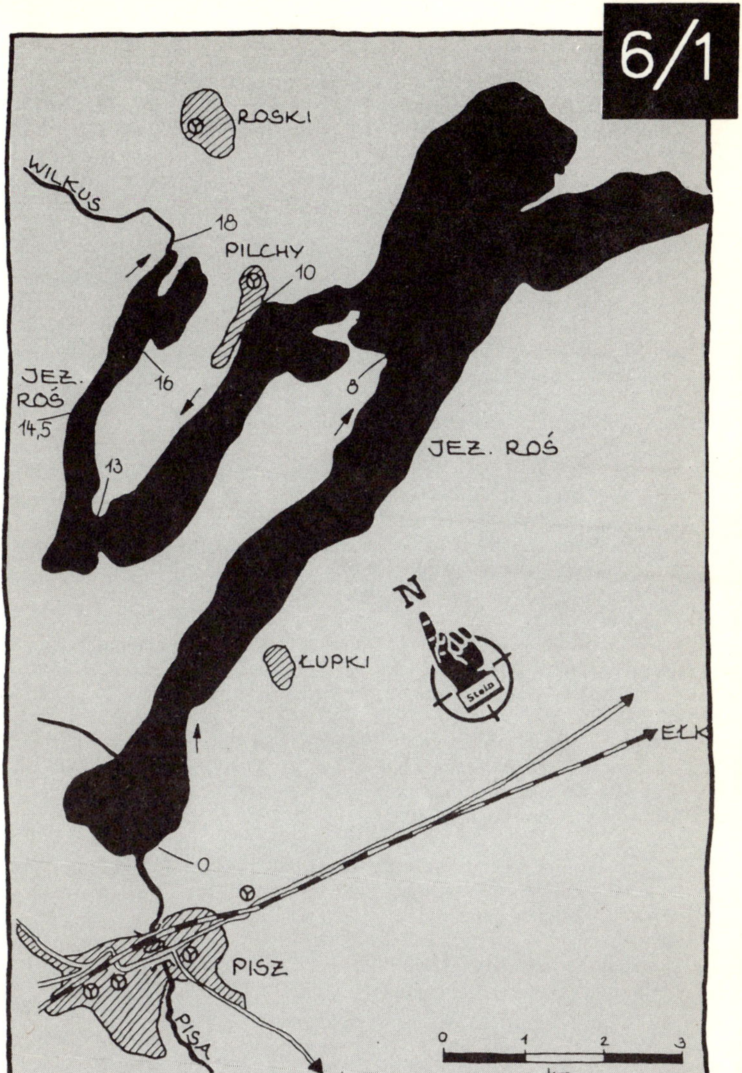

6/1
ROSKI
WILKUS
18
PILCHY
10
JEZ.
ROŚ
14,5
16
8
13
JEZ. ROŚ
N
ŁUPKI
ELK
0
PISZ
PISA
ŁOMŻA
0
1
2
3
km

km 21. Vor der Einfahrt zum **Jez. Kociol** (Kessel See) liegen beidseitig schöne Zeltplätze, die aber oft von einheimischen Anglern besetzt sind. Überqueren Sie den See in gerader Richtung und Sie erreichen bei

km 23 den fast strömungslosen Fluß Bialawka. Links davor am Ufer gute Zeltmöglichkeit bei dem Dorf **Kociolek Szlachecki** (Adl. Kessel).

km 24. Brücke der Landstraße Pisz (Johannisburg) - Orzysz (Arys) mit Zeltmöglichkeit. 400 m weiter fahren Sie in den **Jez. Bialolawki** (Biallo See) ein, den Sie bei

km 27 überquert haben. Einfahrt in den Fluß Wuszka entgegen kaum vorhandener Strömung.

km 28. Brücke mit Wehr, das einfach rechts zu **umtragen** ist.

km 28,5. Einfahrt in eine Bucht des **Jez. Sniardwy** (Spirdingsee). Halten Sie sich rechts am Ufer und verlassen nach 1 km die Bucht.

Wenn Sie nach Pisz zurückfahren möchten, halten Sie sich links und folgen der Wegbeschreibung als Route 4a und Route 4 in entgegengesetzt beschriebener Richtung.

km 34,5. Schöne Campingmöglichkeit mit Sandstrand auf einem großen Grasplatz am Südende des sich am See entlangziehenden Dorfes Nowe Guty (Gutten). Leider sehr aufdringliche Dorfkinder.

km 40. **Okartowo** (Eckersberg). Eisenbahn- und Straßenbrücke hintereinander. Der Bahnhof der Linie Mikolajki - Orzysz - Elk befindet sich nur etwa 500 m nach rechts entfernt; Bushaltestelle. Gute Zeltmöglichkeit links vor den Brücken.

Von hier aus können Sie der Route 5 ab km 24 entgegen der beschriebenen Richtung am Ufer des Jez. Sniardwy nach Westen folgen.

Durchfahrt in den **Jez. Tyrklo** (Tirklo See). Ein **Bootswagen** ist für die Weiterfahrt auf dieser Route unbedingt erforderlich, da es bei

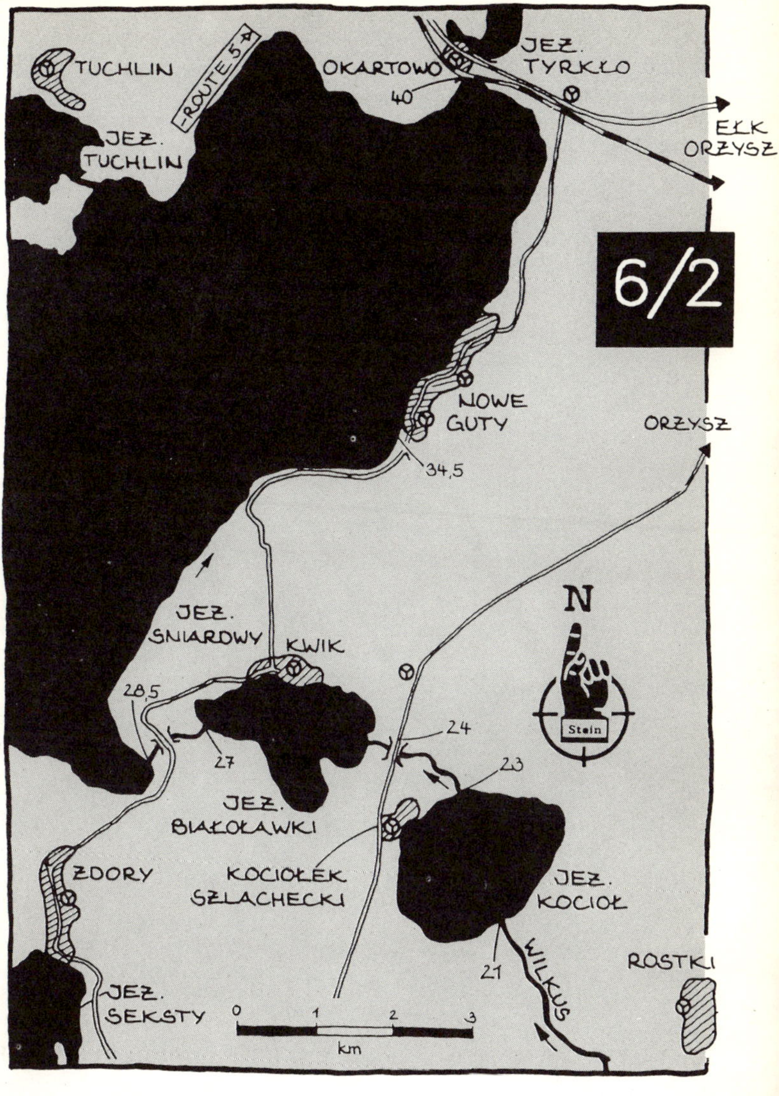

TUCHLIN
ROUTE 5
OKARTOWO
JEZ. TYRKŁO
40
EŁK
ORZYSZ
JEZ. TUCHLIN
6/2
NOWE GUTY
ORZYSZ
34,5
N
Stein
JEZ. SNIARDWY
KWIK
28,5
24
27
23
JEZ. BIAŁOŁAWKI
ŻDORY
KOCIOŁEK SZLACHECKI
JEZ. KOCIOŁ
WILKUS
21
ROSTKI
JEZ. SEKSTY
0
1
2
3
km

km 46 am nördlichen Ende des Jez. Tyrklo (Zeltmöglichkeit) keine Wasserverbindung zum **Jez. Buwelno** gibt. Die Portage ist etwa 2 km lang und führt auf einem sandigen Waldweg über einen Hügel zu einem Strand bei

km 48 am Dorf **Cierzpiety** (Seehöhe), das links vom Ende des Sees auf einem Hügel liegt. Der Buwelno See ist ein langgestreckter Rinnensee mit einem Biwakplatz fast einen Kilometer links vor den Seende und mehreren freien Zeltmöglichkeiten vorher. Bei

Idyll am Fluß

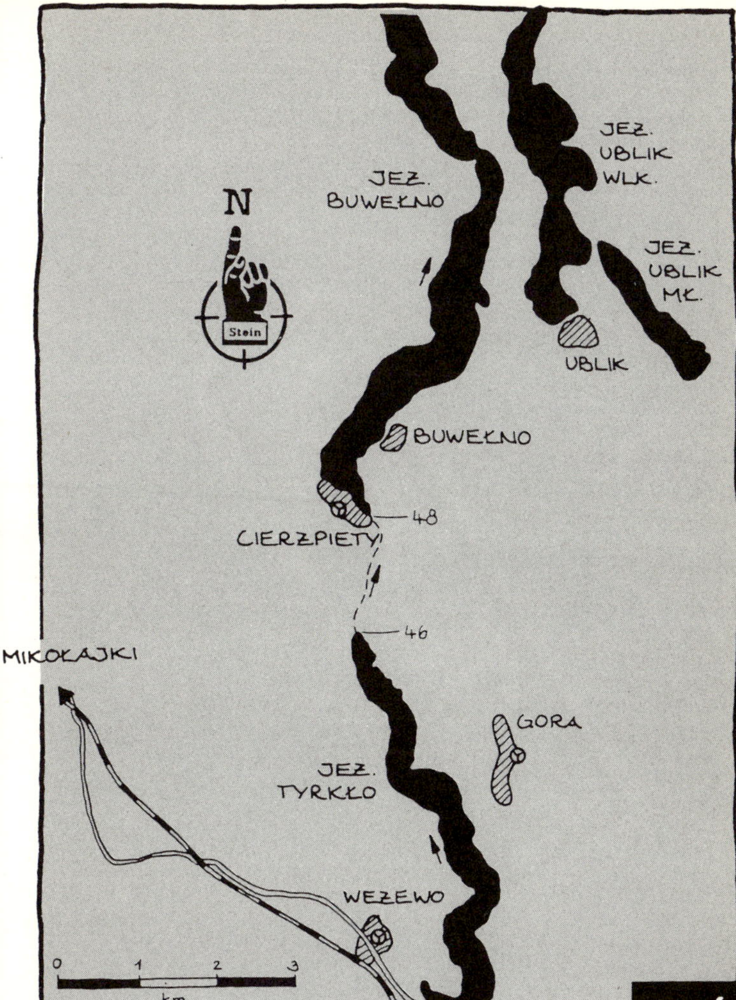
JEŻ.
UBLIK
WLK.
JEŻ.
BUWEŁNO
N
Stein
JEŻ.
UBLIK
MŁ.
UBLIK
BUWEŁNO
48
CIERŻPIETY
46
MIKOŁAJKI
GORA
JEŻ.
TYRKŁO
WEŻEWO
0
1
2
3
km
OKARTOWO
40
ORŻYSZ
EŁK

6/3

km 61 ist das nördliche Ende des Sees erreicht. Rechts Zeltmöglichkeit vor der Einfahrt in einen kleinen, relativ schnellfließenden Fluß mit steinigem Bett. Bei ausreichendem Wasserstand könnte er die 300 m befahren werden, ansonsten ist Treideln angesagt.
Einer alten Bogenbrücke folgt eine Straßenbrücke, bevor Sie in den **Jez. Wojnowo** einfahren; Zeltmöglichkeit links an der Flußmündung. Halten Sie sich am linken Seeufer bis bei

km 65 das Dorf Kleszczewo (Kleszewen) erreicht ist. Die Wiese mit dem Bootsanlegesteg ist ein schöner Zeltplatz auf dem ein Biwakierenverbotsschild steht. Sie gehört einem freundlichen Sägewerksbesitzer, der oberhalb in dem Haus wohnt. Fragen Sie ihn, ob Sie trotzdem dort zelten dürfen.

km 66. Straßenbrücke mit schmaler Seedurchfahrt zum **Jez. Niegocin**.

km 67. Einfahrt in den **Jez. Niegocin** (Löwentin See). Links um die Ecke hübscher Familien-Biwakplatz. Weiterfahrt am rechten Seeufer entlang bis bei

km 75 die Stadt **Gizycko** (Lötzen) erreicht ist. Der neue, große Segelboothafen mit der PTTK-Station dabei ist nicht zu übersehen. Links davon beginnt der Kanal, der die Verbindung zu den nördlichen Seen herstellt.

Wie weiter?
- Busverbindung ins 55 km entfernte Pisz zurück zum Startpunkt.
- Fortsetzung der Kanutour in Richtung Südwesten nach Mikolajki als Route 7.
- Fortsetzung der Kanufahrt in nördlicher Richtung nach Wegorzewo als Route 8.

6/4

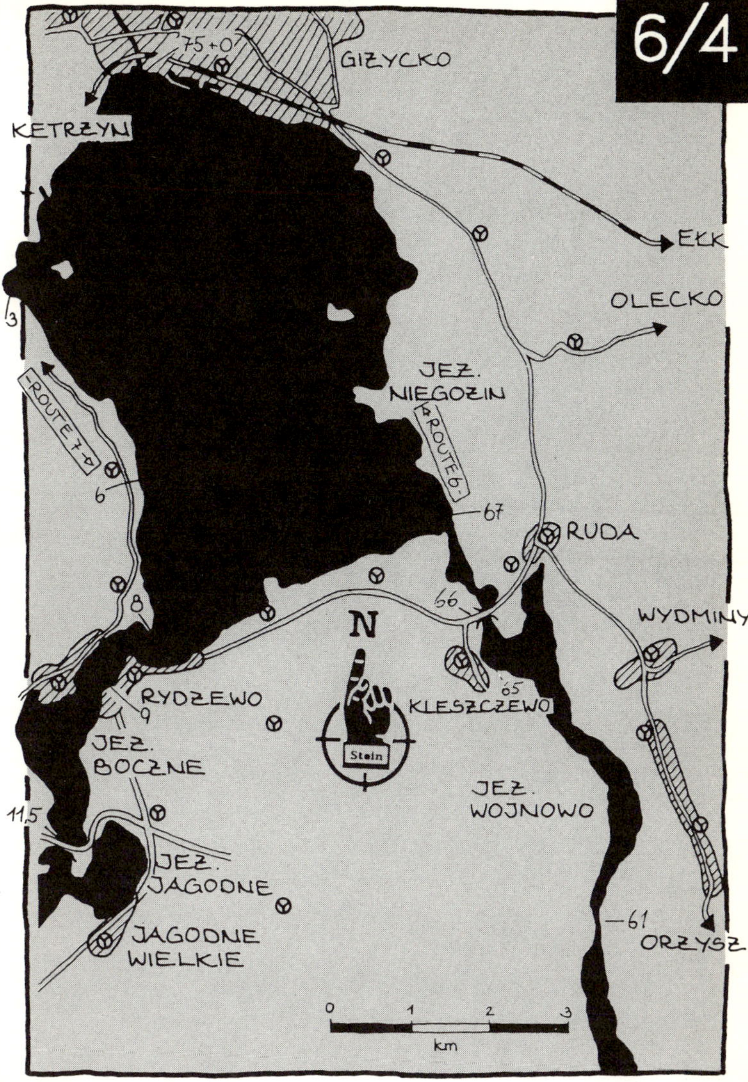
GIŻYCKO
75+0
KETRZYN
EŁK
OLECKO
3
ROUTE 7
JEZ.
NIEGOZIN
ROUTE 6
6
67
RUDA
8
66
N
WYDMINY
RYDZEWO
9
65
KLESZCZEWO
Stein
JEZ.
BOCZNE
JEZ.
WOJNOWO
11,5
JEZ.
JAGODNE
61
JAGODNE
WIELKIE
ORZYSZ
0
1
2
3
km

Route 7

Das sollten Sie wissen...
Diese Route führt von Gizycko über verschieden große Seen, die mit Kanälen verbunden sind, nach Mikolajki. Die Strecke folgt im wesentlichen der Linienführung der Ausflugsboote der Masurischen Seenfahrt und ist voll mit Segelbooten, die im Sommer von See zu See vagabundieren.

Es geht los!
km 0. Folgen Sie dem Westufer des Jez. Niegocin entlang bis bei

km 3 der Ort **Wilkasy** (Willkassen) mit PTTK-Campingplatz, Badeanstalt, Restaurant, Hütten und Kiosk auftaucht.

km 6. Zeltmöglichkeiten bei **Strzelce** (Strzelzen).

km 8. Umfahren Sie eine Landzunge mit Zeltmöglichkeit nach rechts und Sie gelangen durch eine 300 m breite Seenge in den **Jez. Boczne** (Saiten See).

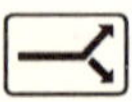

Wenn Sie zwischen km 6 und km 8 dieser Route ans gegenüberliegende östliche Ufer fahren, gelangen Sie an mehreren Biwakplätzen vorbei in die Einfahrt zum **Jez. Wojnowo**.
Von hier aus können Sie auf der Route 6 bei km 66 (in entgegengesetzt beschriebener Richtung) nach Pisz gelangen.

km 9. An der Landzunge mit der Kirche vorbei erreichen Sie den schönen, mitten im Dorf gelegenen Campingplatz von **Rydzewo** (Rydzewen) mit kleinem Bootshafen, Lebensmittelladen, Restaurant, Kiosk, Post.

km 11,5. 100 m langer Verbindungskanal Kula mit Straßenbrücke in den **Jez. Jagodne** (Jagodner See). Links danach Zeltmöglichkeit im Wald.

km 14. Zeltmöglichkeit am östlichen Ufer. Mitten im See liegen drei größere, stark verschilfte Inseln.

km 18. Kaum merklicher Übergang in den **Jez. Szymoneckie** (Gr. Hensel See). Halten Sie sich am nördlichen Ufer, dann fahren Sie bei

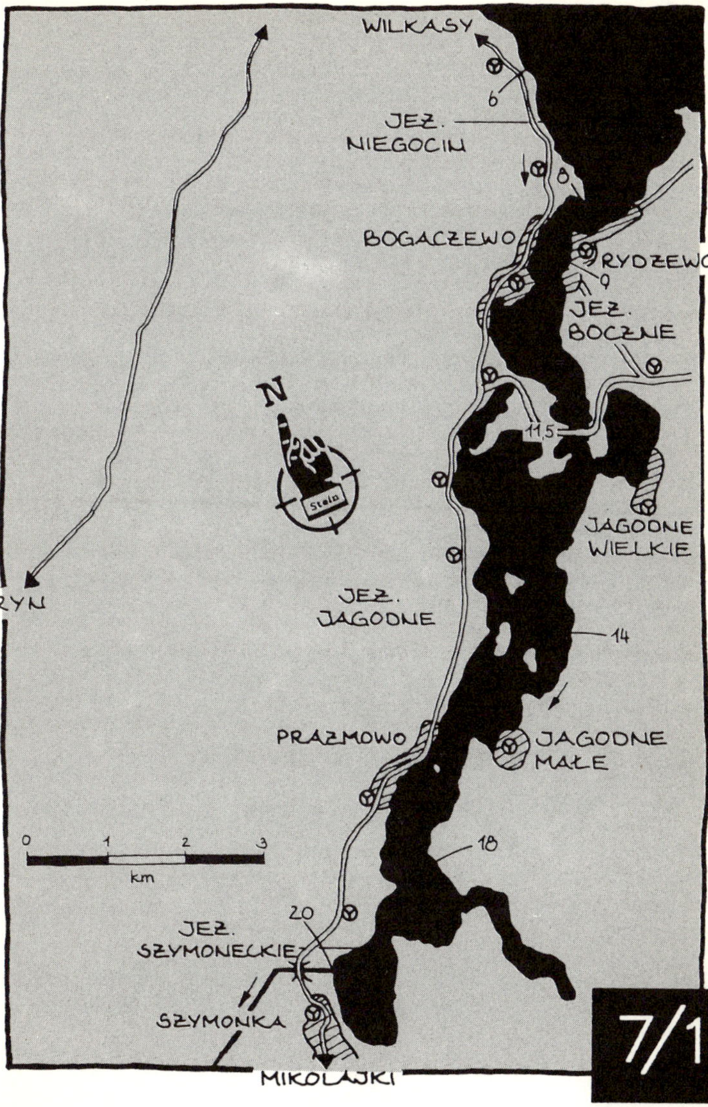
WILKASY
6
JEŻ.
NIEGOCIN
8
BOGACŻEWO
RYDŻEWO
9
JEŻ.
BOCŻNE
N
Stein
11,5
JAGODNE
WIELKIE
RYN
JEŻ.
JAGODNE
14
PRAŻMOWO
JAGODNE
MAŁE
0 1 2 3
km
18
20
JEŻ.
SŻYMONECKIE
SŻYMONKA
MIKOŁAJKI

7/1

km 20 in den Kanal Szymonski (Schimonker Kanal) ein, der durch Markierungstafeln gut kenntlich ist. Links gute Zeltmöglichkeit und von hier über einen Feldweg Zufahrt zur Landstraße.
Einen Kilometer links von der Kanaleinfahrt sehen Sie den Kirchturm von Szymonka (Schimonken) herübergrüßen.

km 20,5. Straßenbrücke der Landstraße von Mikolajki (15 km) nach Gizycko (21 km). Kurz hinter der Brücke knickt der Kanal fast rechtwinklig nach links ab und führt bei

km 22,5 in den **Jez. Szymon** (Gr. Schimon See), der stark verschilft ist.

km 23,5. Einfahrt in den Kanal Miodunski (Mniodunsker Kanal).

km 25,5. Einfahrt in den **Jez. Kotek Wilkie** (Gr. Kottek See), der gar nicht groß ist und bei

km 26 schon wieder vom **Kanal Grunmaldzki** (Grünwalder Kanal), auch Kanal Lelecki genannt, abgelöst wird. Links vor der Brücke befindet sich ein kleiner Segelboothafen.

km 27. Einfahrt in den **Jez. Taltowisko** (rechts am Ufer Zeltmöglichkeit), der in gerader Linie überquert wird.

km 28,5. Einfahrt in den **Kanal Talcki** (Talter Kanal); Straßenbrücke.

km 30,5. Einfahrt in den **Jez. Talty** (Talter See).

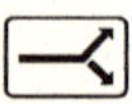
Abzweig der Nebenroute 7a nach Ryn (Rhein).

Unsere Hauptroute führt nach Süden am linken Ufer des Talter See entlang, bis bei

km 33 der kleine Ort **Talty** (Talten) auftaucht. Wenig später bieten sich auf einer flach von links in den See hineinragenden Landzunge Zeltmöglichkeiten.

km 36,5. Eisenbahn-, Straßen- und Fußgängerbrücke. Die Stadt ☞ **Mikolajki** (Nikolaiken) ist erreicht. Hinweise zu Mikolajki ☞ Kanuroute 1, km 12.

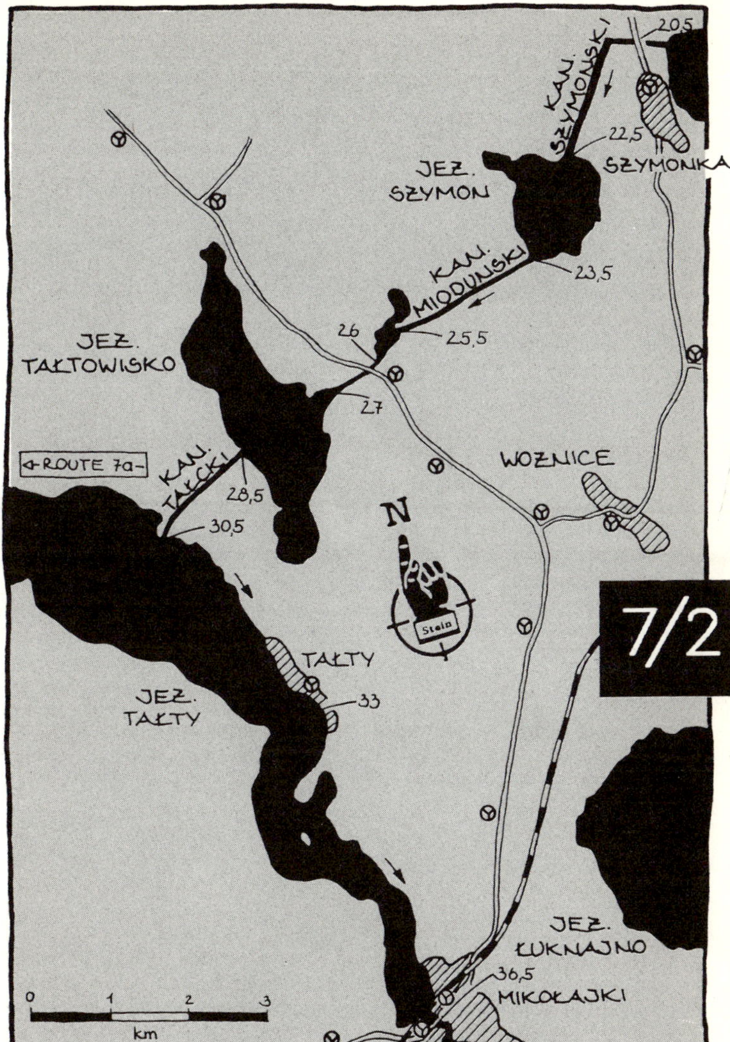
20,5
KAN. SZYMONSKI
22,5
SZYMONKA
JEZ. SZYMON
KAN. MIODUNSKI
23,5
25,5
26
JEZ. TAŁTOWISKO
27
WOŹNICE
ROUTE 7a
KAN. TAŁCKI
28,5
30,5
N
Stein
7/2
TAŁTY
JEZ. TAŁTY
33
JEZ. ŁUKNAJNO
36,5
MIKOŁAJKI
0
1
2
3
km

Wie weiter?

▸ Per Eisenbahn oder Bus zum Einsatzpunkt der Krutynia-Route nach Sorkwity. Bahnfahrplan ☞ Kanuroute Krutynia unter "Rückroute".

▸ Per Ausflugsboot zurück nach Gizycko um 14.30 Uhr, Ankunft um 17.30 Uhr.

▸ Fortsetzungen der Kanufahrt in Richtung Süden, Osten und Südosten folgen zunächst alle der
Route 1 (beschrieben in entgegengesetzter Richtung), später als
Route 2 in korrekter Richtung nach Ruciane Nida,
Route 5 in korrekter Richtung als östliche Masurenroute Okartowo-Gizycko und als
Route 4 (beschrieben in entgegengesetzter Richtung) nach Pisz.

Nebenroute 7a

Das sollten Sie wissen...

Wenn Sie bei km 30,5 der Route 7 nicht nach Süden, sondern nach Norden fahren, erreichen Sie nach 14 km die Stadt Ryn (Rhein) am Ende des Jez. Rynskie (Rheinscher See). Da dieser westliche Teil der Masurischen Seen eine "Sackgasse" ist, herrscht hier zumindest kein "Durchgangsverkehr". Das bedeutet, es ist weniger voll und die Landschaft ist ausgesprochen reizvoll. Es gibt einige Biwakplätze am östlichen Ufer und auch sonst ist es nicht schwierig einen Platz fürs Zelt zu finden.

Wie weiter?

Wenn Sie in Ryn kein zweites Auto oder ein Fahrrad deponiert haben, müssen Sie entweder zurückpaddeln oder können mit dem Bus nach Gizycko (22 km) zurückfahren.

Route 8

Das sollten Sie wissen...
Diese Route verbindet Gizycko (Lötzen) über vier große Seen, nämlich Kisajno, Dargin, Dobskie und Mamry mit Wegorzewo (Angerburg) am Nordufer des **Jez. Mamry** (Mauersee) - zusammen über 100 km^2 groß. Gizycko ist Endpunkt der Route 6, die durch den Osten der Seenplatte führt und Startpunkt der Route 7 nach Mikolajki.

!!! Außer bei nördlichen und westlichen Winden sollten Sie bei stärkeren Winden aus anderen Richtungen wegen gefährlicher Wellenbildung diese Route nicht befahren - auf jeden Fall sollten Sie sich dicht unter Land halten.

Allerdings wird eine solche vorsichtige Fahrweise die angegebenen Kilometer um 30% verlängern. Wegen der vielen verwirrenden Buchten und Inseln und der vielfältigen Uferformen ist ein Kompaß erforderlich.

Kanaleinfahrt in Gizycko

Es geht los!

km 0. PTTK am **Jez. Niegocin** (Löwentin See) in Gizycko (Lötzen). Einfahrt in den Kanal Gizycki. Mehrere Brücken und wegen hoher Ufer keine Anlegemöglichkeit. Heftiger Verkehr von Motorbooten und Segelbooten unter Motor. Segelboote ohne Motor werden oft sehr geschickt von Land aus getreidelt. Nach einer Linkskurve ist der Kanal zu Ende bei

km 2. Einfahrt in eine kleine Bucht des **Jez. Kisajno** (Kissain See). Die Hauptroute führt rechts am östlichen Ufer entlang nach Norden.

Links gelangen Sie nach 1,5 km zu einer Kanaleinfahrt, die in den **Jez. Tajty** führt. Dieser See kann bis ans Westende befahren werden, dann "Sackgasse": eine Weiterfahrt zum **Jez. Dejguny** ist nicht möglich.
Wenn Sie sich links halten, gelangen Sie nach weiteren 2 km über einen weiteren Kanal zum Jez. Niegocin, an dem Gizycko liegt, zurück. Diese Rundtour von 8 km Länge ist ganz reizvoll zum "Warmwerden" oder als kleiner Abendausflug gut geeignet.

Halten Sie sich auf der Hauptroute weiter am östlichen Ufer. Der gesamte westliche Teil des Sees ist mit Inseln gespickt, die ein großes Naturschutzgebiet für Wasservögel sind.

km 10. Biwakplatz Krolewski Rog auf einer Halbinsel am östlichen Ufer. Die Hauptroute springt jetzt über den See zur bei

km 12,5 gegenüberliegenden Halbinsel Stynorcki Rog.

Von hier oder je nach Windrichtung schon bei km 10 können Sie nach Westen über den **Jez. Labap** in den abgelegenen und ruhigen **Jez. Dobskie** (Doben See) fahren.
Hier sind auf der Insel Wysoki Ostrow Kormorane beheimatet. Rechnen Sie etwa 12 km für diesen Umweg zur Kormoraninsel, die mitten im See liegt. Gegenüber auf dem östlichen Ufer finden Sie etwas nördlich von dem Dorf **Fuleda** (Faulhöden) schöne Zeltmöglichkeiten mit Sandstrand.

Folgen Sie jetzt dem westlichen Ufer des **Jez. Dargin** (Dargeinen See) bis Sie bei

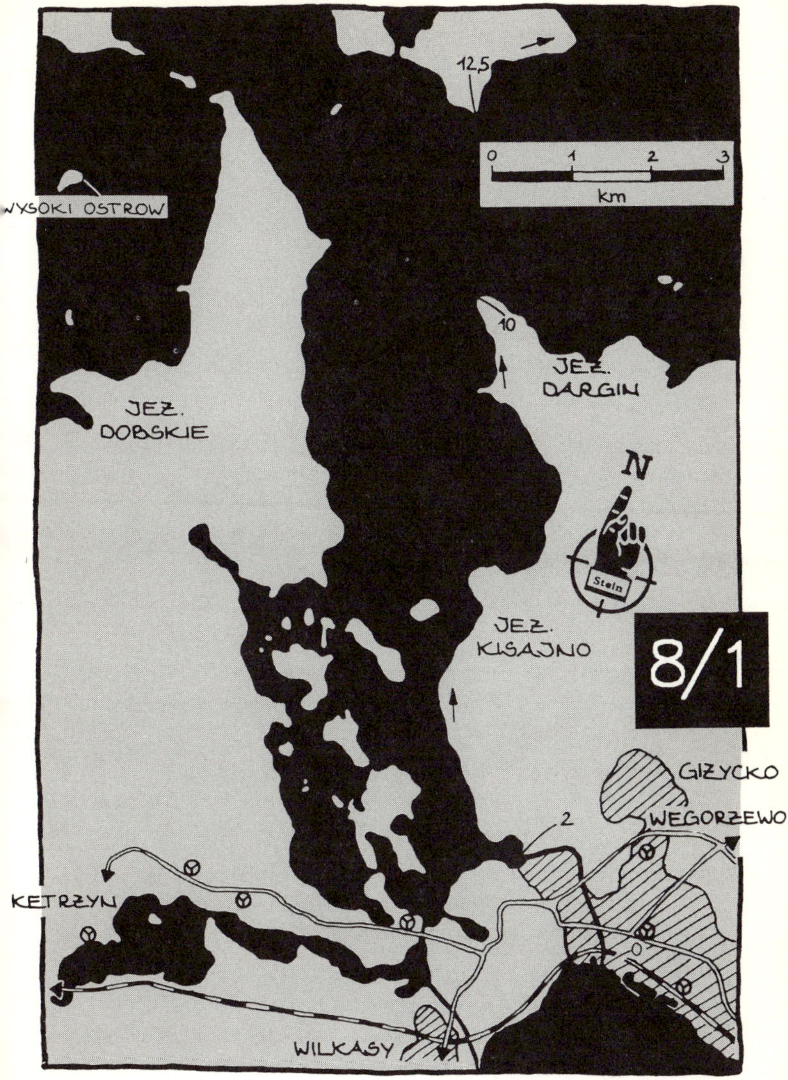
12,5
0 1 2 3
km
WYSOKI OSTROW
10
JEZ. DARGIN
JEZ. DOBSKIE
N
Stoln
JEZ. KISAJNO
8/1
GIZYCKO
WEGORZEWO
2
KETRZYN
WILKASY

km 15,5 eine Straßenbrücke erreichen. Die Enge erweitert sich zu einem kleinen, dicht bewachsenen See, dem **Jez. Kirsajty**, den Sie bei

km 17,5 und der Halbinsel Kurka, einem Naturschutzgebiet, wieder verlassen und in den **Jez. Mamry** (Mauersee) einfahren. Halten Sie sich weiterhin am westlichen Ufer und fahren zwischen dem Festland und der naturgeschützten Insel Upalty hindurch, bis Sie eine 1,5 km breite Bucht überquert haben und dann schließlich bei

km 28 den Fluß Wegorapa (Angerapp) erreichen, der mit geringer Strömung bei

km 30,5 die Anlegestelle der Stadt Wegorzewo (Angerburg) erreicht.

Wie weiter?

- Per Bus zum Einsatzpunkt Gizycko 27 km weit zurück.

- Per Ausflugsboot zurück nach Gizycko um 15.20 Uhr, Ankunft 17.50 Uhr.
- Fortsetzung der Kanutour als Rückreise nach Gizycko über die Seen am Ostufer entlang (nicht beschrieben).

Die Polen sind sparsam mit Verkehrsschildern und stellen nur dann welche auf, wenn es wirklich nötig ist. Nehmen Sie deshalb die Schilder ernst!

Der Zusatz "Koniec" bedeutet das Ende einer Gefahr oder Beschränkung.

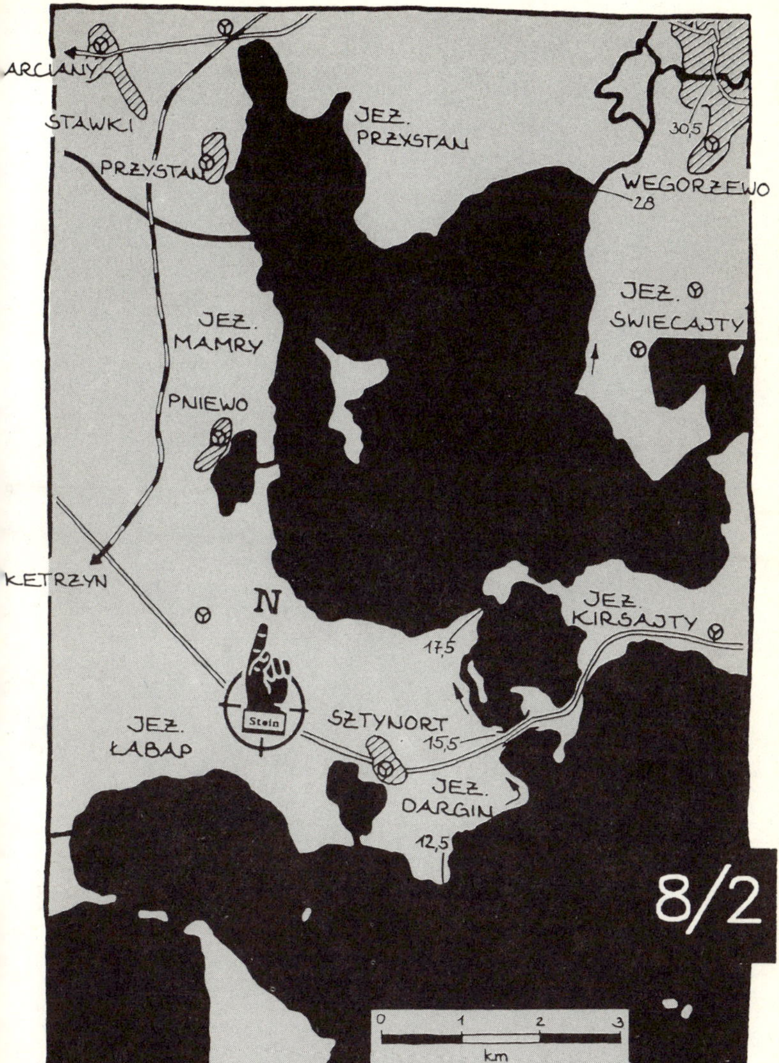
ARCIANY
STAWKI
PRŻYSTAN
JEŻ.
PRŻYSTAN
WEGORŻEWO
28
30,5
JEŻ.
SWIECAJTY
JEŻ.
MAMRY
PNIEWO
KETRZYN
N
Stein
JEŻ.
KIRSAJTY
17,5
SZTYNORT
15,5
JEŻ.
ŁABAP
JEŻ.
DARGIN
12,5
8/2
0
1
2
3
km

Kanuroute: Czarna Hancza und Augustow-Kanal

Das sollten Sie wissen...

Die Czarna Hancza und der Augustow-Kanal lagen schon immer im polnischen Teil Masurens und waren nie deutsch. Die damalige Reichsgrenze verlief vor dem Zweiten Weltkrieg östlich etwa 25 km von Elk (Lyck), 20 km von Olecko (Treuburg) und 30 km von Goldap entlang einer künstlichen Linie, so daß damals Augustow nur etwa 16 km von der Grenze entfernt lag.

Fast das gesamte Gebiet der östlichen Masurischen Seenplatte ist eine urwüchsige Heidelandschaft ("Puszca Augustowska") und teilweise dicht mit Wald bestanden.

Wegen der Abgeschiedenheit und der Nähe zur russischen Grenze hat sich bisher kein übermäßig starker Tourismus entwickelt, so daß man relativ ruhig und ungestört paddeln kann. Lediglich die Seen östlich von ☞ Ausgustow sind in der Ferienzeit voll mit Familiencamping und Sportbooten.

Ausflugsboote der Weißen Flotte verkehren von zwischen dem 1. Juni und dem 31. August als Rundtour von Ausgustow nach Paniewo (ab 9 Uhr und wieder zurück um 18 Uhr).

Startpunkt

Campingplatz beim Dorf **Stary Folwark** am **Jez. Wigry**, 11 km östlich von Suwalki.

Endpunkt

Augustow an der Fernstraße 19 und an der Eisenbahnlinie Suwalki - Bialystok gelegen.

Kanuroute

Gesamt 83 km (mindestens 4 Tage). 44 km auf der Czarna Hancza, 39 km auf Seen und Kanälen.

Rückroute

32 km auf der Fernstraße 19 bzw. per Bahn. Der Hauptbahnhof von Augustow liegt 3,5 km nordöstlich der Stadt in einem riesigen Waldgebiet - aber günstig zu einem nur ca. 1 km entfernt gelegenen Bootshaus am **Jez. Biale**.

Täglich verkehren Züge um 8.38, 16.14, 20.45 und 23.11 Uhr nach Suwalki. Zusätzliche Züge fahren (nicht täglich) um 7.31, 11.11 und

21.50 Uhr. Direkt an der Fernstraße 19 liegt außerdem der kleine Bahnhof Augustow Port, an dem aber nicht alle Züge halten.
Der zentrale Bushof befindet sich weit vom See entfernt im Südwesten der Stadt. Eine Bushaltestelle ist aber nur ca. 800 m vom Bootshaus am Jez. Biale entfernt und Busse fahren fast stündlich nach Suwalki.
Von Suwalki aus können Sie mit dem Bus in Richtung Sejny fahren oder sich mit dem Taxi in Stary Folwark für umgerechnet ca. DM 10 abliefern lassen.

Karten

- PPWK-Karte Nr. 30-067 "**Pojezierze Suwalskie i Równina Augustowska**", 1:200.000, nachgedruckt 1990. Zwei Kartenausschnitte am Rand zeigen die für Wassersportler interessante östliche Umgebung von Suwalki ("Okolice Jeziora Wigry") und die Umgebung von Augustow ("Okolice Augustowa") im Maßstab 1:100.000. Die Karte deckt somit das Gebiet dieser Kanuroute ab, wenn auch in sehr unbefriedigenden Maßstäben. Die Rückseite hat touristische Hinweise in Polnisch.

- Die Karte des Wigry-Nationalparks heißt "**Wigierski Park Narodowy**", 1:46.000. Der Flußlauf der Czarna Hancza ist ab km 0,0 bis ca. km 20,0 abgebildet. Die Karte ist unübersichtlich und mit topografischen Höhenlinien und sogar Wassertiefenlinien in farblicher Darstellung völlig überfrachtet. Warum die Karte nach zwei Jahren (immer noch) nicht nur nach Druckerfarbe riecht sondern stinkt, bleibt ein Geheimnis der Druckerei in Bialystok.

Strömung

Auf der Czarna Hancza selbst kaum vorhanden, so daß die Route theoretisch auch in Gegenrichtung gefahren werden kann.

Umtragen

Keine. Dafür sind aber 7 Schleusen, für die eine lächerlich geringe Gebühr verlangt wird (1990 umgerechnet zwischen 15 und 30 Pfennig für ein Kanu), zu passieren.

Wasser

Der Oberlauf der Czarna Hancza ist schön klar, später aber trüberes Wasser vor allem im Kanal Augustowski. Die Seen sind sauber in Badewasserqualität.

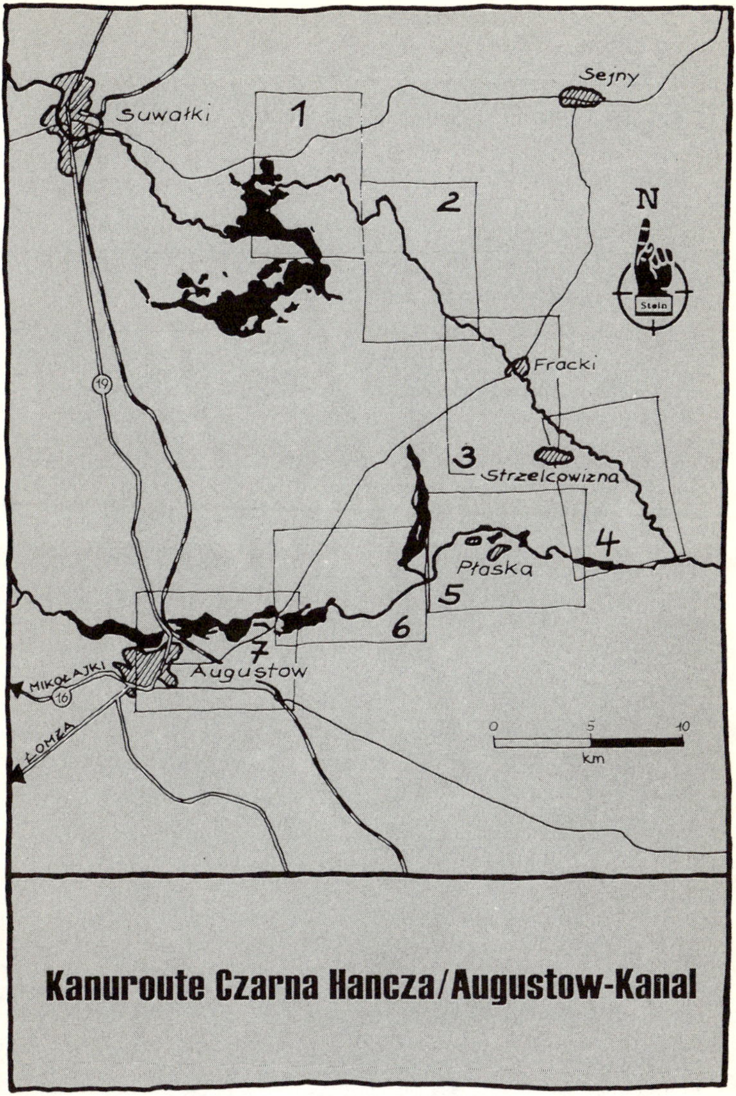

Kanuroute Czarna Hancza/Augustow-Kanal

Camping

An der Czarna Hancza ist es manchmal schwierig einen geeigneten Platz zum freien Zelten zu finden. Am Kanal befinden sich oft an den Ein- und Ausfahrten zu den Seen und an den Seen selbst gute bis ausgezeichnete Zeltmöglichkeiten und Biwakplätze.

Leihboote

Beim PTTK in Augustow werden Kanus aus Fiberglas für 2 Personen für umgerechnet DM 5 pro Tag verliehen. Die PTTK-Station liegt am **Jez. Necko** in der Nähe des Bahnhofs Augustow Port.

Anreise

▸ Von Suwalki aus fahren Sie 11 km auf der Landstraße in Richtung Sejny. In Stary Folkwark biegen Sie rechts ab und folgen den Campingplatzschildern. In einem kleinen, ehemaligen Gutshaus (heute Ferienheim) sitzt die Platzverwaltung. Etwas unterhalb hiervon liegt der See mit einer Badeanstalt. Fragen Sie, wo Sie Ihren Wagen abstellen können - die Gebühr hierfür ist gering. Bitten Sie darum ein wachsames Auge auf das Auto zu haben und offerieren ein Trinkgeld beim Abholen.

Die Klosterkirche in Wigry

Die Czarna Hancza bei Czervony Folwark

Straßenbrücke am Oberlauf der Czarna Hancza

Es geht los!
km 0. Campingplatz **Stary Folwark**. Fahren Sie um die Halbinsel mit der wunderschönen **Klosterkirche Wigry** links herum und halten sich weiterhin am Schilfufer. Sie erreichen bei

km 2,5 die Stelle (eine Kanaldurchfahrt), an der die Czarna Hancza aus dem Jez. Wigry austritt.
Zeltmöglichkeit direkt an der Fußgängerbrücke am Kanal. Auf der rechten Seite taucht ein hölzernes Fischereigebäude auf. Anschließend kommen zwei kleine Schilfinseln.

km 3,5. Zwischen den Inseln hindurch liegt die weitere Einfahrt zum Fluß verborgen.

km 4. Betonbrücke und direkt dahinter die Reste eines Wehres mit Baumstümpfen, aber gut zu navigieren. Unter der Brücke parallel zu den Fundamenten stecken einige Baumstümpfe, Pfähle im Grund. Bei gutem Wasser aber zu sehen und keine Probleme.

km 5,5. Auf der rechten Seite die erste gute Zeltmöglichkeit auf einer Wiese mit kleinem Strand davor.

km 6,5. Gute Zeltmöglichkeit in einem kleinen Wäldchen rechts am Ufer.
Der bisherige Schilfwald lichtet sich etwas, hinter mit Bäumen bestandenen Ufern tauchen Kuhweiden auf. Der Fluß ist teilweise nur 1/2 m tief und einige Findlinge sind im Flußbett verstreut. Bei normalem Wasserstand jedoch keine Probleme.

km 7. Am linken Ufer taucht ein Gehöft auf. In Höhe des Steges liegt ein großer Findling im Wasser. Das Schilfdickicht nimmt wieder zu, der Fluß ist teilweise nur bis zu 3 m breit.

km 7,5. Eine primitive Fußgängerbrücke versperrt den Weg. Man kommt aber in der Mitte drunter durch.

km 8. Auf der linken Seite taucht ein Steg auf, dahinter ein sehr schönes Haus mit einer großen Wiese davor. Am Steg steht ein Schild "Nie Biwacki" und sogar das "00" ist durchgestrichen. Das ist deutlich: also hier wohnt einer, der auf gar keinen Fall Kanuten haben will.

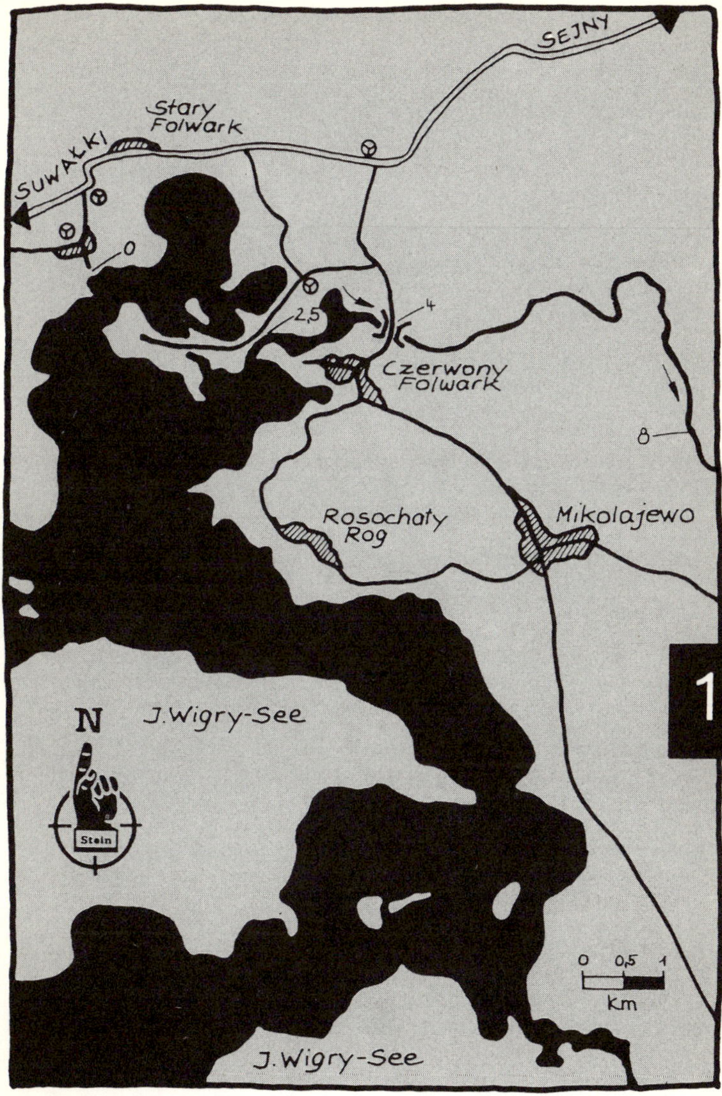
SEJNY
Stary Folwark
SUWAŁKI
0
2,5
4
Czerwony Folwark
8
Rosochaty Rog
Mikolajewo
N
J.Wigry-See
Stein
0 0,5 1
km
J.Wigry-See

1

km 9. Voraus liegt ein Gehöft mit einem grauen Stallgebäude. Halten Sie sich vor dem Stallgebäude links, denn rechts ist ein toter Flußarm. Sie bewegen sich jetzt in nordöstlicher Richtung weiter. 500 m weiter Betonstraßenbrücke von **Mackowa Ruda**, Stallgebäude mit einer großen Wiese und guter Landemöglichkeit. Die nächsten 10 Minuten fahren Sie mitten durch das Dorf.

km 11. Sie fahren direkt auf eine Waldlichtung mit einem wunderschönen Zeltplatz zu. Leider ist dieser Platz auch per Auto erreichbar, so daß er trotz bereitstehender Abfalltonnen ziemlich verdreckt ist. Das Plumsklo ist ebenso versüfft.

km 12. Wo sich der Fluß wieder nach Süden wendet, ist ein ziemliches Dickicht aus Schilfwald mit Inselchen und Kanälen und es ist gar nicht so einfach, sich da wieder herauszufinden.

km 13. Fußgängerbrücke. Auf der linken Seite das Dorf **Buda Ruska**. Die landwirtschaftliche Fläche geht jetzt zu Ende und der Fluß tritt in ein Waldgebiet ein. Die Ufer sind immer noch mit Schilf bestanden.

km 13,5. Auf der linken Seite unter drei Bäumen Anlege- und Zeltmöglichkeit, etwas später auch noch auf der rechten Seite.
Einige hundert Meter weiter hat sich hinter einem flachen See der Fluß derartig verkrautet, daß sich Schlamm usw. angesetzt hat. Eine Durchfahrt ist nicht zu finden. Lediglich ganz links auf der Seite besteht ein kleiner Durchbruch von ungefähr 2 m Breite. Es ist alles total vermoddert und der Fluß scheint untendrunter durchzufließen. Man muß aussteigen und das Boot drüberschieben. Falls die Füße einsinken, legen Sie die Paddelfläche unter und versuchen, das Kanu schrittweise zu schieben. Ein Umtragen dieser Stelle ist wegen des Schilfes und des Morastes nicht möglich. Kurz darauf links eine gute Zeltmöglichkeit.

km 17. Betonbrücke von Wysoki Most. Links davor gute Anlegemöglichkeiten. 200 m weiter liegt auf der linken Seite ein Gelände der PTT☏ mit Camping, Holzhütten und einem Anlegesteg.

km 18. Beginn einer schilfigen Durchfahrt durch ein enges bewaldetes Tal. Auf einer Anhöhe rechts gute Zeltmöglichkeit. Es ist aber ziemlich unmöglich, ein Kanu den Steilhang hochzuschleppen. Kurz darauf links den kleinen Kanal benutzen und später wieder rechts rüberschwenken.

2

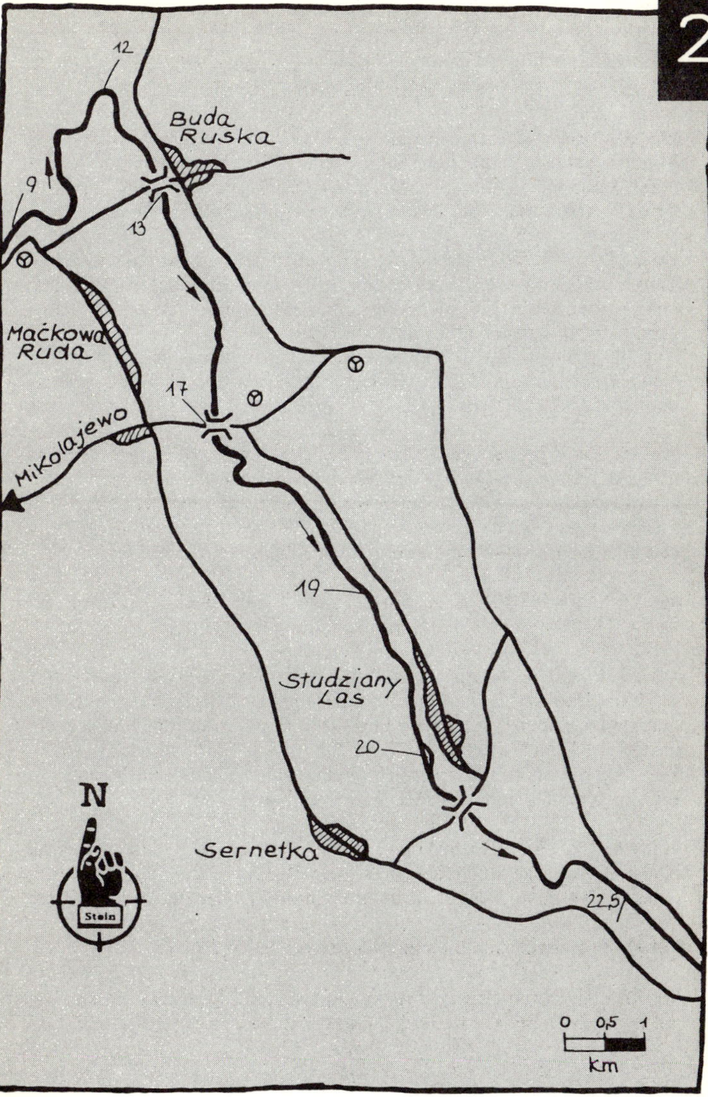
12
Buda Ruska
9
13
Maćkowa Ruda
17
Mikolajewo
19
Studziany Las
20
N
Stoln
Sernetka
22,5
0 0,5 1
km

km 19. Links liegt das Dorf Studziani Las. Es folgt eine primitive Fußgängerbrücke. 20 m davor in Strommitte ein Holzpfahl.

km 20. Insel. Nehmen Sie den linken Flußarm, der rechte kommt 5 Minuten später wieder rein. Kurz darauf Schilfinseln, nehmen Sie die rechte Fahrrinne. Dann hölzerne Brücke, rechts sandige Landemöglichkeit. 100 m später auf der linken Seite im Wald gute Zeltmöglichkeit.

km 22,5. Auf der linken Seite kann man auf einer Anhöhe das Ortsschild Tartaczysko erkennen, kurz danach folgt eine Eisenbahnbrücke und eine Betonbrücke. Links und rechts zwischen diesen beiden Brücken kann man gut anlegen und man könnte auch zelten.
Nur 100 m hinter der Brücke ist eine schöne Anlegestelle mit Steg und einem kleinen Strand. Oberhalb liegt offensichtlich ein Picknickplatz mit zwei überdachten Tischen.

km 25. Betonstraßenbrücke bei Fracki an der Landstraße von Sejny nach Augustow. Direkt vor der Brücke ist rechts eine Anlegemöglichkeit. Kurz darauf liegt in einer Rechtskurve auf einer Halbinsel ein Picknickplatz mit Anlegesteg, einer Tanzfläche, Lagerfeuermöglichkeit und überdachten Tischen und Bänken im Halbrund angeordnet.

km 26. Primitive Fußgängerbrücke. 200 m links danach Anlege- und Zeltmöglichkeit bei einem Bauern auf einer Pferdekoppel.

km 28. Picknickplatz auf einer Anhöhe, rechts im Wald überdachter Tisch mit Bank, Abfallkorb. Etwas steil, aber sonst als Landemöglichkeit und zum Campen geeignet. Wenige 100 m weiter auf der linken Seite liegt eine Anlegestelle und ein sandiger Weg führt bergan zu einem Zeltplatz mit mehreren überdachten Tischen. Wahrscheinlich ist es ein Biwakplatz mit viel Platz, Rasen und einer Feuerstelle.

km 29,5. In einer Rechtskurve geradeaus liegt ein Gehöft mit drei Häusern. Gute Zeltmöglichkeit auf der Wiese, fragen. Man erwartet, daß ca. 5.000 Zloty pro Person angeboten werden bzw. es wird verlangt.

km 32. Zeltmöglichkeit auf einer Dorfwiese, fragen.

km 33,5. Hölzerne Feldwegbrücke bei Okolek, 200 m danach ein Steg auf der rechten Seite. Auf der kleinen Anhöhe Zeltmöglichkeit im Gras.

3

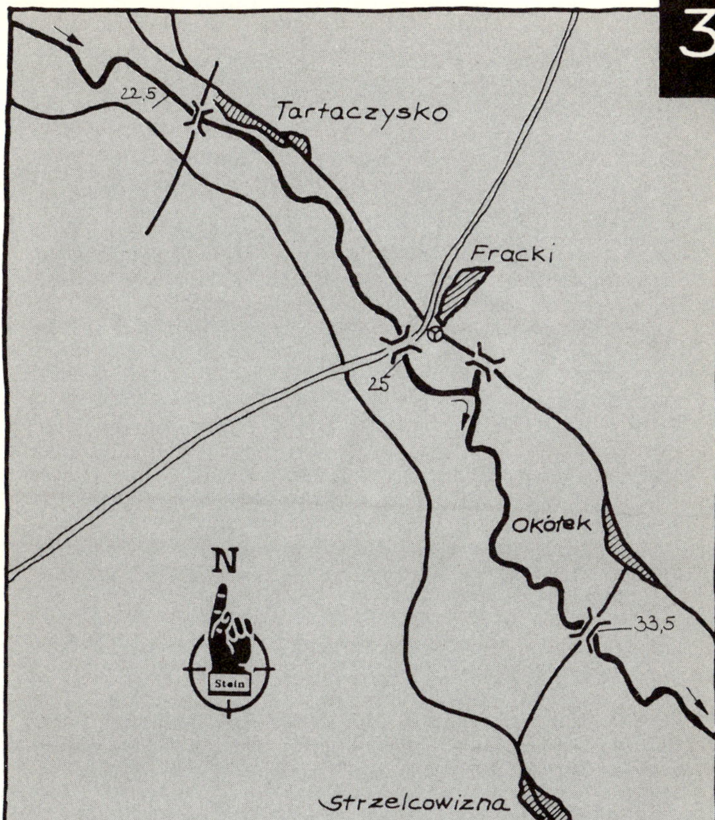

Tartaczysko
22,5
Fracki
25
Okółek
33,5
N
Stein
Strzelcowizna
0 0,5 1
km

Der Fluß mäandert mit teilweise sehr starken Windungen von über 180 Grad durch Wiesen und schilfiges Sumpfgelände. Keine Zelt- oder Landemöglichkeiten.

km 37. Betonbrücke bei der Försterei Lozki. Unter der Brücke ist ein Entfernungshinweis aufgemalt: nach Fraki sind es 11 km zurück und nach Jalowy Rog 9 km voraus.
Direkt hinter der Brücke ist ein Strand als Landeplatz geeignet. Oben am Straßenrand steht ein überdachter Tisch, ein Picknickplatz anscheinend. An der Brücke ist ein durchgestrichenes Zelt mit dem Zusatz "Jarsz Biwakonia" abgebildet, was wohl "Zelten verboten" bedeutet.
Das offene landwirtschaftlich genutzte Gebiet geht jetzt in bewaldetes Gelände über.

km 37,5. In einer Rechtskurve auf der linken Seite besteht eine kleine Zeltmöglichkeit im Wald. Vorsicht, Baumstamm liegt quer im Fluß.

km 38. Ein Baumstamm steht schräg über den Fluß. Auf der rechten Seite gute Landemöglichkeit und auf einer Wiese auch gute Zeltmöglichkeit.
Um die nächste Kurve herum steht auf der linken Seite ein Holzkreuz aus Birkenholzstämmen. Auch hier gute Anlegemöglichkeit und Zeltmöglichkeit.

km 38,5. Auf der linken Seite Anlegestelle. Steiler Weg nach oben auf eine Rasenfläche im Wald. Gute Zeltmöglichkeit.

km 39,5. Ab einer Linkskurve behindern mehrere umgestürzte Baumstämme für einen Kilometer die Fahrt. Auf der rechten Seite befindet sich eine Wiese ohne Schilf davor, als Lande- oder Zeltmöglichkeit geeignet.

km 40,5. Drei umgestürzte Baumstämme ragen in einer Linkskurve von rechts aus dem Fluß. Wenig später befindet sich eine Wiese zum Anlegen und Zelten auf der linken Seite. Auf der gleichen Wiese ist eine Ausstellung von Hinterlassenschaften anderer Kanuten, wie Konservendosen, Klamotten und leere Flaschen auf Stöcken aufgespiesst: vielleicht als Warnung von den Bauern aufgestellt, vielleicht doch lieber nicht zelten? Generell ist das Müllproblem am Fluß sehr groß. Jeder läßt seinen Dreck liegen und teilweise sind die Biwakplätze übel verschandelt.

km 41. Auf der linken Seite eine schöne Wiese, gute Anlegemöglichkeit, allerdings kein Strand. Dieselbe Wiese nach der Mäanderschleife noch bessere Anlegemöglichkeit.

km 41,5. Auf der linken Seite ein breiter, ausgetretener Sandhang, oben auf einer großen Grasfläche der Zeltplatz eines Jugendlagers. Wenig später Reste einer primitiven Fußgängerbrücke.

km 42. Rechts versperrt ein umgestürzter Baumstamm den Weg und keine 10 m später links, so daß man im Zickzack hindurchfahren muß.

Vorsicht. Es folgen weitere umgestürzte, im Wasser liegende Baumstämme.

km 42,5. Rechts und links schöne Wiesen. Anlege- und Zeltmöglichkeiten.
Kurz darauf führt der Fluß auf einen Wald zu. Nach der Linkskurve im Wasser ein nur wenig unter der Oberfläche liegender Baumstamm.

km 45. Eine weiße Hütte taucht auf der rechten Seite auf. Hinter der Mäanderschleife liegt die PTTK-Station von Jalovy Rog.
Gute Zeltmöglichkeit und tatsächlich schon Ende August herrscht Grabesstille. Über eine Steintreppe gelangt man zum Bürogebäude nach oben.

km 45,5. Auf der linken Seite ist ein steiler Sandhang. Oben liegt eine flache Wiese als Picknickplatz, zum Zelten geeignet.

km 47,5. Die beiden Straßenbrücken von Rygol tauchen auf. Rechts gute Zeltmöglichkeiten.

!!! Sie müssen vor der ersten Straßenbrücke rechts abbiegen. Würden sie geradeaus unter der Brücke durchfahren, würden Sie nach ca. 2 km zu einem Wehr kommen. Dieser Teil des Flusses fließt in Richtung Rußland.

Direkt in der Kurve rechts bietet sich eine Zeltmöglichkeit auf einem Wiesenstück. Wenn Sie ungefähr 150 km weiter zu der zweiten Brücke kommen, bietet sich dort ebenfalls direkt vor der Brücke rechts eine Zeltmöglichkeit an.

Die nun folgenden 200 m weisen bereits eine Uferbefestigung mit Pfählen und Weidengeflecht auf. Sie stoßen jetzt auf das Kanalbett des **Kanal Augustowski**.

Ein Pfeil zeigt nach rechts. Auch hier gilt: nach rechts fahren, nach links würde man zur russischen Grenze gelangen.

Nach nur 200 m Fahrt gelangt man bei

km 48 zur **Schleuse Rosnowek**, die bereits 1828 erbaut wurde (Höhenunterschied 6 m). Der Schleusenwärter wohnt in einem Häuschen links oben auf dem Berg.
Links hinter der Schleuse gute Anlegemöglichkeit, Picknickplätze, grüner Rasen, Möglichkeit zum Zelten.

km 49,5. Schleuse Mikaszowka mit Straßenbrücke (Höhenunterschied 6,5 m). Hinter der Schleuse können Baumstämme liegen, die mit Eisen zu Päckchen zusammengebunden sind. Wenn man hindurch will, muß man ggf. auf die schwankenden Stämme steigen, sie auseinanderdrücken und kann so mit dem Boot hindurchfahren.
Wenig weiter liegt auf der rechten Seite unter großen Kiefern ein schöner Zeltplatz mit einem Sandstrand, markiert durch viereckige Betonpfeiler.

km 50. Wo sich der Kanal oder Fluß zum See erweitert, liegt rechts versteckt eine Anlegestelle mit einer Wiese. Sehr gut zum Zelten geeignet. Weiterfahrt am rechten Ufer des Sees entlang.

km 51,5. Die Ausfahrt wird durch ein schwarz-weiß-gestreiftes, auf die Spitze gestelltes Quadrat markiert. Dieser Kanal ist ein Durchstich von ca. 150 m Länge und führt in einen weiteren größeren See, den **Jez. Mikaszewo**. In diesem Kanal befindet sich auf der rechten Seite ein Campingplatz, der aber auch von der Straße erreichbar ist, deshalb meist reichlich mit Autos und Wohnwagen besetzt.
Auf der linken Seeseite liegt eine große Biwakanlage mit Sportplatz. Etwas weiter dahinter befindet sich eine große Wiese, wohl mehr eine Flößerstelle, die aber auch zum Camping geeignet ist. Genau gegenüber auf der rechten Seeseite im Wald ist eine kleine Stelle, wo man ebenfalls zelten kann. Nur ca. 300 m hiervon entfernt ist noch eine weitere Campingmöglichkeit.

4

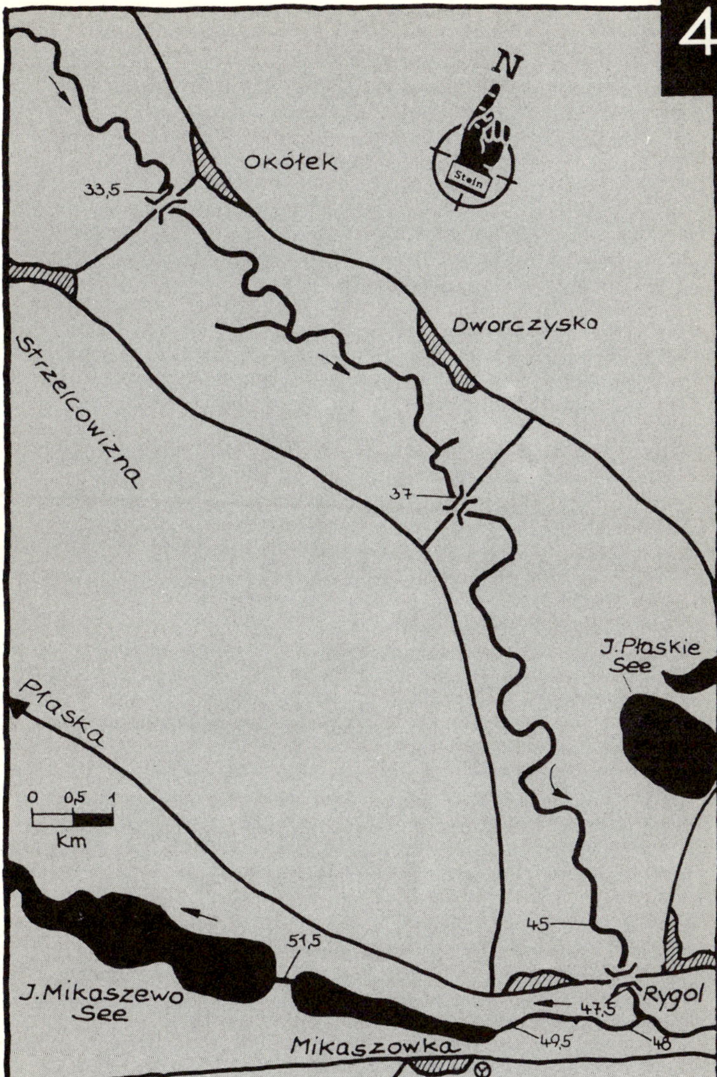
N
Stein
Okółek
33,5
Dworczysko
Strzelcowizna
37
J. Płaskie
See
Płaska
0 0,5 1
km
45
51,5
J. Mikaszewo
See
Rygol
47,5
49,5
48
Mikaszowka

Auf der rechten Seeseite anschließend noch mehrere Campingplätze bzw. Zeltmöglichkeiten, während auf der linken Seite wegen des Schilfes fast überhaupt keine Möglichkeit ist. An der See-Enge auf der rechten Seite wieder Zeltmöglichkeit im Wald. Ein kleiner Steg ist vorhanden. Danach sind beidseitig keine Zeltmöglichkeiten auf diesem See.

km 54,5. Beginn des Kanals zum vierten See, dem **Jez. Krzyn**. Die Ausfahrt in den Kanal wird mit einem Quadrat angezeigt. Am Anfang des Kanals nach ca. 100 m auf der linken Seite Anlegemöglichkeit und gute Zeltmöglichkeit an dem Schild mit dem Blitz.

km 55,5. Schleuse Perkuc (Höhenunterschied 3,5 m). Am Ende des hufeisenförmigen Kanals liegt auf der links ein schöner Zeltplatz mit sandiger Anlegestelle. Leider führt der wenig befahrene Weg zur Schleuse mitten über den Platz. Der Jez. Krzyn wird nun überquert.

km 57,5. Doppelschleuse **Paniewo** mit Straßenbrücke. Die Ausfahrt aus dem See ist ebenfalls wieder mit einem Quadrat markiert, das auf der Spitze steht. Direkt an diesem Schild kleiner Steg auf der linken Seite und Zeltmöglichkeit. Gleich hinter der Schleuse weitere Zeltmöglichkeit links.
50 m auf der Straße, die rechts von der Schleuse wegführt, steht ein Getränke-Kiosk.
100 m hinter der Schleuse liegt rechts ein Ferienlager, das aber bereits am 29. August völlig verlassen ist. Also auch Campingmöglichkeit um diese Jahreszeit; ein Anlegesteg ist dabei. Auf der linken Seite ebenfalls Zeltmöglichkeiten mit überdachten Sitzgelegenheiten.
Der fünfte See **Jez. Paniewo** hat auf der rechten Seite riesige Campingmöglichkeiten.

km 59. Ausfahrt aus dem See. Sie wird etwas versteckt markiert von einem Quadrat auf der linken Seite der Ausfahrt. Im Stichkanal nach wenigen hundert Metern rechts eine Zeltmöglichkeit. Es ist nur etwas schwierig das Boot über die Uferbefestigung zu heben.

km 60,5. Hochgelegene Fußgängerbrücke mit weiß-roten Markierungen am Ende des Kanals. Der **Jez. Ovle** öffnet sich, die Ausfahrt ist geradevor wiederum mit einem weißen Quadrat markiert.
Zeltmöglichkeit gleich hinter der Brücke links oder rechts um die Ecke bei den Häusern des Dorfes mit einem großen Anlegesteg.

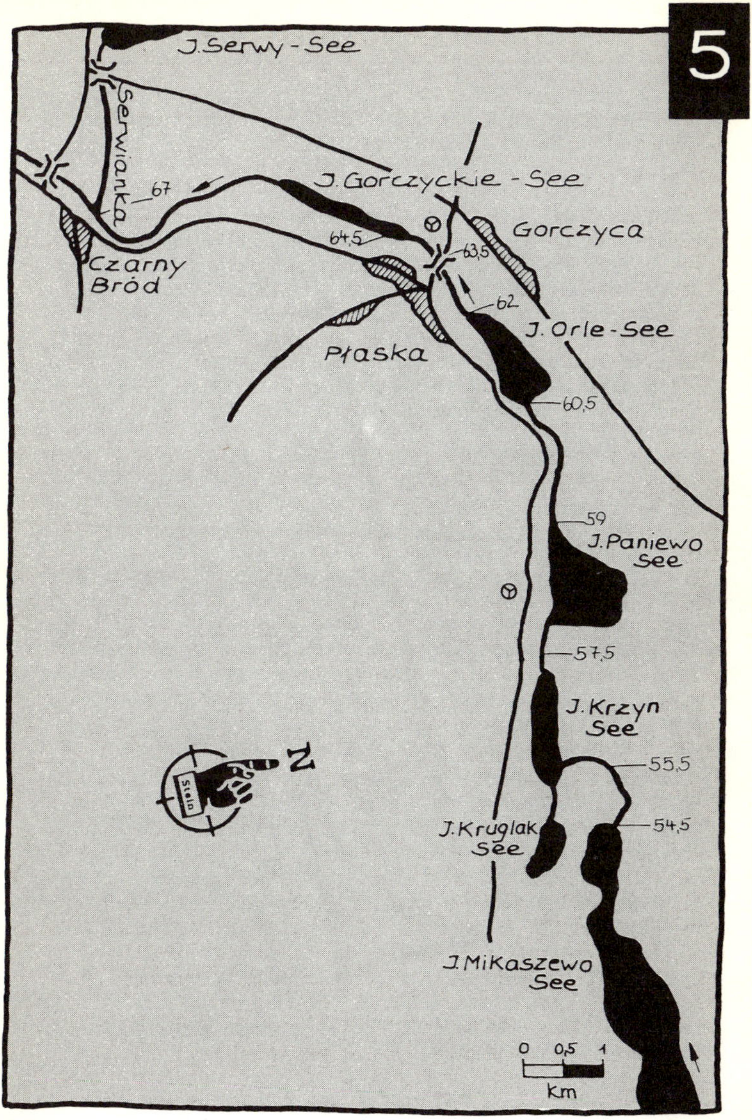

5
J. Serwy - See
Serwianka
67
J. Gorczyckie - See
Gorczyca
64,5
63,5
Czarny Bród
62
J. Orle - See
Płaska
60,5
59
J. Paniewo See
57,5
J. Krzyn See
55,5
54,5
J. Kruglak See
J. Mikaszewo See
N
Stein
0 0,5 1
km

km 62. Der kleine See ist überquert und es geht weiter auf einem befestigten Kanal. Gleich hinter dem Seezeichen auf der linken Seite am Ende des Sees Zeltmöglichkeit.

km 63,5. Schleuse Gorczyca mit Straßenbrücke. In der Nähe muß es auch einen Kiosk geben. Links von der Schleusenanlage beginnt der Ort **Plaska**, man sieht das Ortsschild, wenn man auf der Schleuse steht.
Links hinter der Schleuse zwischen zwei großen Bäumen eine Rasenfläche mit guten Campingmöglichkeiten. Kurz darauf eine schöne Anlegestelle rechts mit einem Schild, das wahrscheinlich Zelten verbietet.
Der Grund des folgenden Sees **Jez. Borezyckie** ist bedeckt mit einer merkwürdigen Wasserpflanzenart, deren einzelne Blätter wie bei einer Blume sternförmig von einem Stengel in der Mitte auseinander gehen.
Kurz hinter der Einfahrt in den Flußbereich rechts Zeltmöglichkeit.

km 64,5. PTTK-Station **Plaska** mit Getränkekiosk.

km 65. Links und rechts genau gegenüberliegend Campingmöglichkeiten. Der linke Platz kann per Auto erreicht werden, so daß er wahrscheinlich oft besetzt ist.
Der ganze Flußverlauf ist geprägt von im Wasser liegenden Baumstämmen, die zum Flößen bereit liegen. Teilweise kommt man deshalb an Zeltmöglichkeiten nicht oder nur schlecht heran. Achten Sie auf die possierlichen Otter, die oft auf den Stämmen herumturnen.

km 67. Auf der rechten Seite Sandstrand, bei einem sehr schön gelegen Picknickplatz gute Zeltmöglichkeiten mit einem kleinen Anlegesteg.
Direkt an dieser kleinen Landzunge fließt rechts der kleine Fluß Serwianka aus dem oberhalb gelegenen **Jez. Serwy** ein. Der schmale Fluß hat klares Wasser, aber Hindernisse wie umgestürzte Bäume und starke Verkrautung machen die 1,5 km zum Ort Sucha Rzeczka und zum Serwy-See nicht zum Fahrvergnügen.

km 67,5. Ein fürchterlich gerades Stück Kanal von 3,5 km Länge liegt nun vor Ihnen. Nur unterbrochen durch eine Straßen-Brücke aus Stahl und Holz. Später weist der Kanal einige Knicke in seinem Verlauf auf aber es bleibt langweilig. Der Kanal erweitert sich zu einem kleinen See.

km 73,0. Schleuse Swoboda mit Fußgängerbrücke. Links und rechts Rasenflächen, wahrscheinlich kann man hier auch zelten.

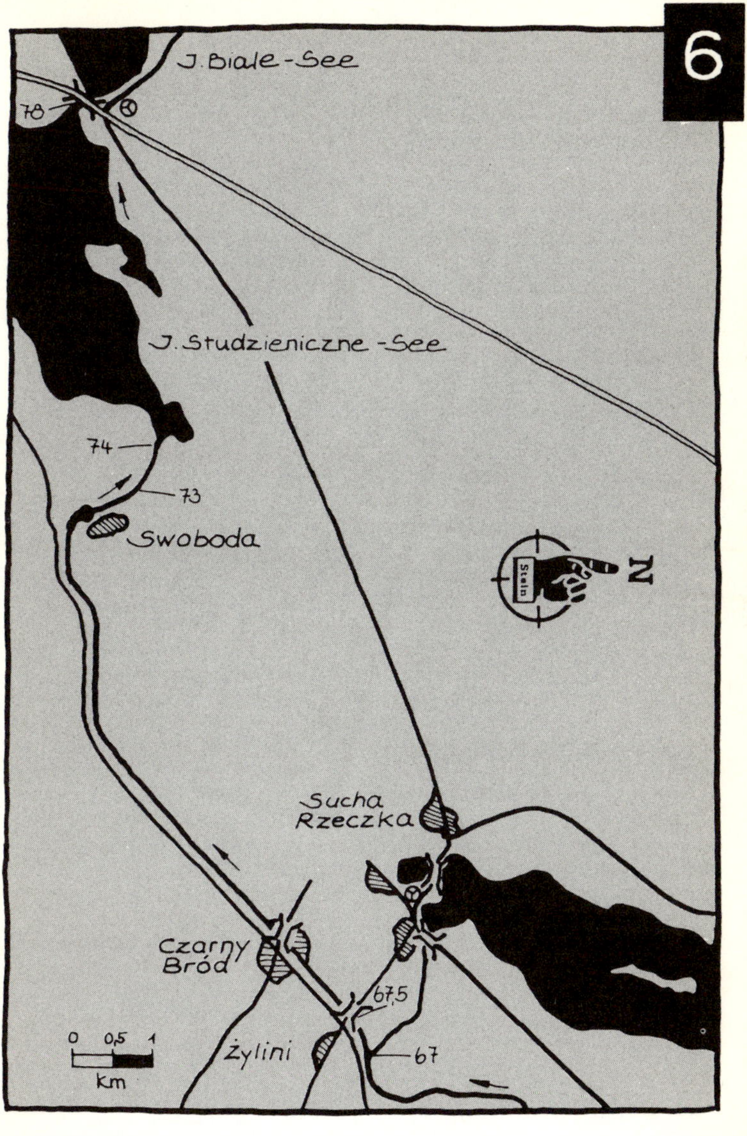
6
J. Biale-See
78
J. Studzieniczne-See
74
73
Swoboda
Stein
N
Sucha
Rzeczka
Czarny
Bród
67,5
0 0,5 1
km
Żylini
67

Bisher wurde man raufgeschleust, aber das letzte Teilstück mit dem Zufluß der Serwianka ist der höchste Punkt des Kanals. Es geht abwärts und zwar bei dieser Schleuse 3,5 m.

km 74. Der Kanal mündet in den **Jez. Studzieniczne**, der weit offen vor Ihnen liegt.
Direkte Ausfahrt aus dem Kanal auf dem rechten Ufer des Sees gegenüber ein schöner Zeltplatz, zunächst etwas hinter Schilf und einem hohen Buschgestrüpp verborgen. Weitere Zeltmöglichkeiten schließen sich auf der rechten Seite an. Schön ist auch der Platz unter den Birken. Gegenüber auf der anderen Seeseite liegen zwei Feriencamps mit verschiedenen Hütten und Booten.
Rechts auf der vorspringenden Landzunge sind ebenfalls gute Campingmöglichkeiten, allerdings per Auto zu erreichen und deswegen meist voll mit Familiencampern.
Fahren Sie zwischen dieser Landzunge und dem kleinen Inselchen hindurch quer über den See zur nächsten Schleuse. Die Seeausfahrt wird auch hier wieder mit einem Quadrat auf der Spitze stehend angezeigt, zwar manchmal hinter Bäumen verschwindend. Es ist aber zu erkennen, daß auf der linken Seite noch ein einzelnes Bootshäuschen steht.
Manchmal verdeckt eine kleine Schilfinsel mit mehreren kleinen Bäumen die Sicht auf die Ausfahrt. Fahren Sie rechts an diesem Naturschutzreservat vorbei.

km 78. Schleuse Przewiez mit Straßenbrücke der Landstraße Augustow - Fracki - Sejny. Einfahrt in den **Jez. Biale**.

km 83. Bootshaus bei Augustow.

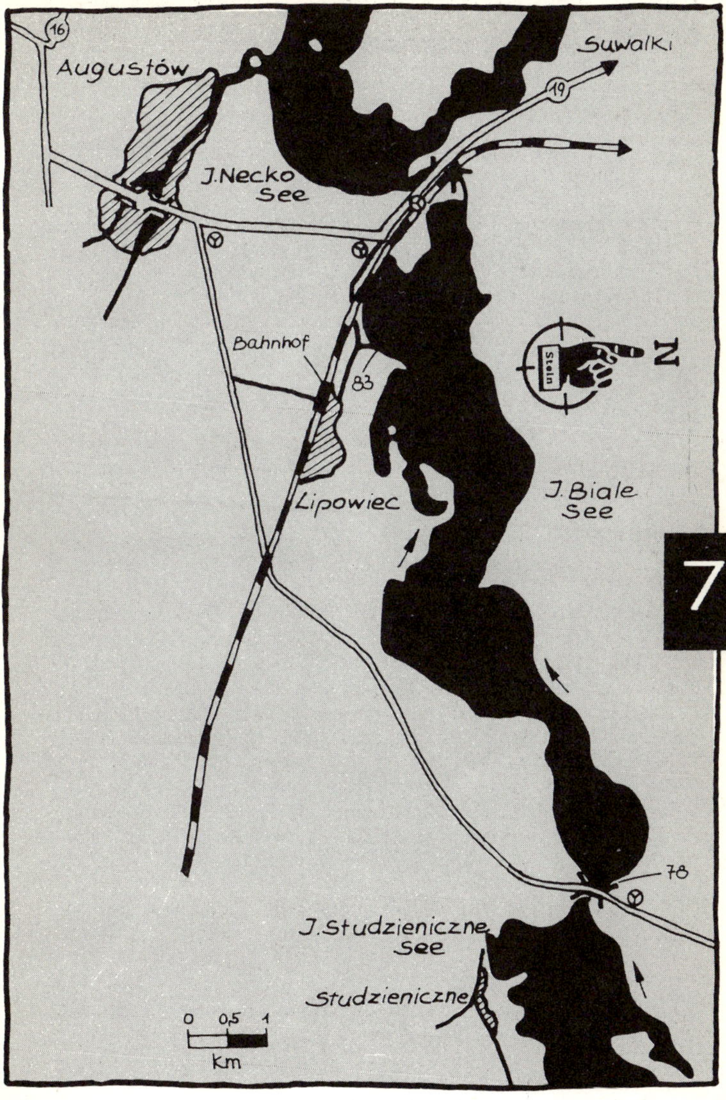
16
Augustów
Suwalki
19
J. Necko
See
Bahnhof
83
Stein
N
Lipowiec
J. Biale
See
78
J. Studzieniczne
See
Studzieniczne
0
0,5
1
km

7

Reise-Infos von A bis Z

Anreise

Für die meisten Reisenden führt der beste Weg über Berlin oder um Berlin herum nach Masuren.

Die vorhandenen Autobahnen Deutschlands machen ein relativ schnelles Reisen möglich. Empfehlenswert sind die Grenzübergänge Pomellen/Kolbaskowo bei Szczecin (Stettin) im Norden und Görlitz/Zgorzelec im Süden wegen des geringeren Verkehrs. Vor allem nachts ist hier kaum was los, während am Hauptübergang Frankfurt-Oder/Swiecko immer Warteschlangen sind. Weniger Verkehr haben auch die Grenzübergänge Schwedt/Krajnik, Frankfurt-Oder/Slubice, Guben/Gubin, Forst/Olsyna und Bad Muskau/Leknica, da sie an Landstraßen liegen.

Reisende aus Süddeutschland, der Schweiz und Österreich können den kürzeren Weg über die CSFR nehmen, müssen sich dabei aber über Fern- und Landstraßen mühen.

Ich bin von Norddeutschland mit meinem Wohnmobil immer so gefahren, daß ich zwischen 23 und 24 Uhr an der Grenze war.

Die ganze Prozedur dauerte meist nur 10 Minuten. Die erste polnische Tankstelle ist nur ein paar Kilometer von der Grenze entfernt an der Autobahn. 24 km nach der Grenze verläßt man die Autobahn auf der Fernstraße 10 in Richtung Bydgoszcz (schlechte Ausschilderung: nicht nach Szczecin oder Zielona Gora fahren) und nach weiteren 10 km fährt man durch ein großes Waldgebiet, das sich zum Übernachten eignet.

Der nächste Tag geht mit der Weiterfahrt nach Masuren drauf. Wenn Sie sowieso in der Dunkelheit dort eintreffen, können Sie gleich auf einem sehr schönen Biwakplatz direkt am See Jez. Dobrag die nächste Nacht gratis verbringen. Der Platz liegt etwa 21 km hinter Olsztyn und 39 km vor Mragowo links an der Fernstraße 16.

Die kürzeste und schnellste Verbindung nach Masuren führt über Berlin, Poznan (Posen), Torun (Thorn) nach Olsztyn (Allenstein).

Kaufen Sie sich nur eine Fahrkarte für die einfache Fahrt in die nächste größere Stadt Polens, z.B. nach Stettin oder Posen.

Lösen Sie dann dort zu polnischen Preisen in Zloty nach und verfahren mit dem Rückfahrticket ähnlich. Kaufen Sie die Rückfahrkarte aber nur in größeren Bahnhöfen, denn in den kleinen Stationen ist das Personal mit einem solchen Ansinnen überfordert.

Für junge Leute unter 26 gilt das günstige Interrailticket auch in Polen.

Einkaufen

Ein beliebtes Mitbringsel aus Polen ist Bernsteinschmuck in allen Varianten, z.B. als Kette (um DM 30) oder Brosche. Vorsicht vor Imitationen aus Kunststoff! Volkstümliche Holzschnitzereien werden oft auf der Straße von fliegenden Händlern ab DM 25 angeboten.

Waren aus dem Westen und für den Export in Polen hergestellte Waren gibts günstig in den staatlichen, intershopähnlichen Pewex-Läden, z.B. den Wodka mit dem Büffelgrashalm.

Einreise

Erforderliche Papiere sind ein gültiger Reisepass und eine Grüne Versicherungskarte fürs Auto.

Ein Visum, Benzingutscheine oder Zwangsumtausch gehören der Vergangenheit an.

Essen und Trinken

▸ Wer auf **Restaurants** angewiesen ist, wird wahrscheinlich verzweifeln: viele Gerichte auf der Karte sind nicht erhältlich, das Essen ist meist lausig, die Portionen sind zu klein und die Bedienung ist unfreundlich. Dies gilt meist nicht für die teureren Restaurants in den Orbis-Hotels, in denen das Personal aber eine steife und blasierte Atmosphäre verbreitet.

Bier gibts nicht vom Faß, sondern oft nur in Halbliterflaschen oder (importiertes) in Dosen. Fleisch und Fisch wird meist nach Gewicht berechnet, so daß der Speisekartenpreis sich vielleicht auf 100 g des Stückes richtet. Frische Salate sind unbekannt, als Ersatz werden z.B. Salzgurken und Kraut als Beilage gereicht.

Einige Restaurants heißen nur so, sind in Wirklichkeit aber nur verräucherte Kneipen, in denen die ersten Betrunkenen schon mittags lärmen. Das gleiche gilt oft auch für die Weinbars (Winiaria).

Dagegen sind Etablissements mit dem Namen **Bar** oft ein Schnellimbiß, eine Cafeteria oder ein Buffet. Hier können Sie in Selbstbedienung billig, aber auch nicht gut, satt werden.

► In den **Cafés** (Kawiarnias) wird neben Gebäck und Kuchen auch Alkohol angeboten. Sie haben die Funktion unserer Kneipen als Kommunikationsplatz übernommen. Richtige gemütliche Kneipen, wie wir sie kennen, gibts in Polen so gut wie nicht. Die Dorfkneipe an der Krutynia in Ukta ist zwar auch nicht gemütlich, aber hier wird wenigstens Faßbier gezapft.

Viele Restaurants, Cafés und Bars sind fast nur zu Ladenzeiten geöffnet, schließen also entweder ab 19 Uhr oder werden dann zur Disco umfunktioniert bzw. sind ab Samstagmittag bis Montagmorgen geschlossen.

► **Grundnahrungsmittel** des täglichen Lebens, wie Brot, Obst und Gemüse, Wurst, Käse, Milch und Fleisch sind inzwischen überall erhältlich. Setzen Sie sich als **Selbstversorger** jedoch nicht in den Kopf, bestimmte Lebensmittel kaufen zu wollen, sondern kaufen Sie was da ist und halten sich wenn möglich einen kleinen Vorrat.

► **Bier** ist oft nur in Kiosken erhältlich und Alkoholika in speziellen Läden. Wein, Sekt und Liköre werden auch in Lebensmittelläden verkauft, die auch Brot und Kuchen führen.

Bis 1990 durfte Wodka erst ab 13 Uhr verkauft werden, was ab mittags zu langen Schlangen vor den Schnapsläden führte. Heute sieht man die ersten Schnapsleichen schon am späten Vormittag.

Ferien, Feiertage, Feste

► Die Winter- und Osterferien der Schulen sind relativ kurz, so daß die Sommerferien über zwei Monate lang sind. 1991 begannen sie am 23. Juni und reichten bis zum 1. September. Meist sind die Kanurouten aber ab Mitte August schon weniger frequentiert, bzw. ab Ende August sind die Zeltplätze bereits geschlossen.

► Die Semesterferien der Hochschulen beginnen später und hören auch später wieder auf, so daß vor allem auf den Masurischen Seen auch im September noch segelnde Studenten unterwegs sind.

► Die meisten Feiertage und Feste sind von der katholischen Religionszugehörigkeit geprägt und werden vor allem auf dem Lande mit altem Brauchtum begangen:

Neujahrstag	1. Januar
Ostermontag	
Tag der Arbeit	1. Mai Fronleichnam
Mariä Himmelfahrt	15. August
Allerheiligen	1. November
Nationalfeiertag	11. November
Weihnachten	25. + 26. Dezember

Fotografieren

Grundsätzlich ist das Ablichten von militärischen Anlagen, Bahnhöfen, Brücken, Hafen- und Grenzanlagen verboten. Manchmal sind an Gebäuden auch Schilder mit einer durchgestrichenen Kamera angebracht. Das berechtigt aber nicht zu der Annahme, daß Gebäude ohne ein solches Schild frei zum Fotografieren wären. Fragen Sie im Zweifel oder lassen es ganz sein.

Geld

► Der **Wert des Zloty** verändert sich ständig nach unten. Im Sommer 1989 bekam man für eine DeMark 2.200 Zloty, 1990 schon 4.200 und 1991 6.300 Zloty. Ende 1991 war der Kurs schon auf über 7.000 gefallen.

Ihre Bank wird Ihnen den jeweiligen Wechselkurs auch nicht verraten können, da polnisches Geld nicht im westlichen Ausland gehandelt wird - seine Ausfuhr ist sogar verboten.

► Getauscht werden kann in den staatlichen Banken PKO, in den Orbis-Hotels und in den privaten Wechselstuben, Kantor genannt. Die Kurse sind annähernd gleich, vielleicht gibts mal irgendwo 200 Zloty mehr oder weniger.

!!! Wechseln Sie nicht auf der Straße, auch wenn man Ihnen einen ganz besonders günstigen Kurs bietet.
Wahrscheinlich ist etwas faul und man will Sie entweder übers Ohr hauen oder gar ausrauben. Polen können Zloty bei den o.a. Stellen in harte Währung tauschen, so daß es keinen Schwarzmarkt geben muß.

tip Wechseln Sie nie zuviel Geld auf einmal um, denn innerhalb eines 3wöchigen Urlaubs wird sich der Kurs bestimmt zu Ihrem Vorteil nach unten verändern.

▸ Verwirrend sind die vielen Geldscheinwerte, die mit dem nutzlosen 20-Zloty- Schein (ca. 1/3 Pfennig) beginnen. Es folgen 50, 100, 200, 500, 1.000, 2.000, 5.000, 10.000, 20.000, 50.000, 100.000, 200.000 und 500.000 Zloty (ca. DM 70). Sie sehen, es ist kein Problem zum Zloty-Millionär zu werden! Erstaunlicherweise sind sogar noch Münzen von 1 bis 10 Zloty im Umlauf.

tip Da es bei dieser großen Anzahl von Werten nicht genügend klar voneinander zu unterscheidende Pastellfarben gibt, sind sich einige Scheine sehr ähnlich.
Verlassen Sie sich deshalb beim Bezahlen nie auf Farben, sondern ausschließlich auf die Anzahl der Nullen.

▸ Die üblichen **Kreditkarten** sowie Euroschecks werden bei insgesamt 300 Unternehmen akzeptiert. Dabei handelt es sich meist nur um Orbis-Hotels und die Fluggesellschaft LOT.

Gesundheit

Erkundigen Sie sich, ob Sie bei Ihrer Krankenversicherung auch für Polen mitversichert sind, sonst rate ich zum Abschluß einer Auslandskrankenversicherung. Auf jeden Fall müssen Sie die Kosten selbst tragen, bevor Sie diese evtl. erstattet bekommen.

Hunde und Katzen

Eine Tollwutimpfung muß mindestens 3 Wochen vor der Einreise im Gelben Impfpaß eingetragen sein. Außerdem muß eine Bescheinigung des Amtstierarztes über den einwandfreien Gesundheitszustand des Tieres kurz vor Reiseantritt eingetragen sein. Nach meiner Erfahrung wird da aber nicht nach gefragt. Was aber, wenn doch?

Informationen

Ein Fremdenverkehrsamt für Polen gibt es nicht, aber das staatliche Reisebüro Orbis (auch Polorbis genannt) versucht diese Funktion zu übernehmen. Es unterhält u.a. Büros in Polen, in Deutschland und in Österreich:

5000 Köln 1, Hohenzollernring 99-101, ☏ 0221/520025, Fax 528277.
2000 Hamburg 1, Ernst-Merck-Str. 12-14, ☏ 040/337686, Fax 324210.
7000 Stuttgart 1, Rotebühlstr. 51, ☏ 0711/612420 + 613711.
O-1034 Berlin, Warschauer Str. 5, ☏ 00372/5894530 + 5894967, Fax 5895541.
Wien, Schwedenplatz 5, ☏ 630810.

Die Leute hier sprechen deutsch, während dies in den Büros in Polen nicht immer gegeben ist.

Auskunftheischende Individualreisende werden vor allem in Polen selbst mit dem Orbis-Service nicht zufrieden sein. Man verkauft zwar gern Bus- und Schiffsausflüge, Kutschfahrten und Reitstunden, aber keine Stadtpläne oder Kanukarten - geschweige denn den (richtigen) Tip, wo solches erhältlich ist.

Literatur

Der Verlag Gerhard Rautenberg in Leer, Ostfriesland (ehemals in Königsberg, Ostpreußen) hat eine ganze Reihe der verschiedensten Ostpreußenbücher im Programm. Besonders hervorzuheben sind:

- "Masuren - Geschichte, Land und Leute" von Reinhold Weber, gebunden, 279 Seiten, div. Abbildungen, DM 38.
- "Reiseführer Ostpreußen", Gerd Hardenberg, TB, 192 Seiten, div. Farb- und schwarz- weiß-Abbildungen., DM 24,80.
- "Reise nach Masuren", Michael Welder & Rudolf Meitsch, Bildband, gebunden, 194 Seiten, über 150 farbige Abbildungen, DM 78.

- Kauderwelsch-Sprechführer "Polnisch für Globetrotter", Bob Ordish, TB, 112 Seiten, Peter Rump Verlag, Bielefeld, DM 12,80.

- Der Langenscheidts Sprachführer Polnisch heißt zwar im Untertitel "Praktische Redewendungen und Wörter für die Reise" hat aber einen ziemlich realitätsfernen Wortschatz. Die Kassette dazu sollten Sie auf keinen Fall kaufen, da die Texte nicht mit dem Buch korrespondieren und viel zu schnell in schlechter Tonqualität gesprochen sind. Ein einfaches Wörterbuch ist da besser.

Öffnungszeiten

- Lebensmittelläden sind allgemein von 8 bis 18 Uhr geöffnet, während andere Geschäfte erst um 9 oder 10 Uhr öffnen.

- Banken öffnen um 8 Uhr und schließen bereits um 12.30 Uhr, während die Wechselstuben Kantors mindestens bis 17 Uhr geöffnet sind.

- Die meisten Restaurants schließen spätestens um 22 Uhr, ausgenommen die in den großen Orbis-Hotels.

- Galerien, Museen und Ausstellungen sind meist ab 9 Uhr offen für den Publikumsverkehr, dafür bleiben sie oft montags und feiertags zu.

Preise

Polen ist für den westlichen Individualtouristen ein ausgesprochen billiges Reiseland; z.B. kosten:

1 kg Brot	DM 0,70
1/2 Liter polnisches Bier	DM 0,90
1 Liter Diesel	DM 0,50
Super	DM 0,85
Bleifrei	DM 1,10
0,7 Liter Wodka Zubrowka	DM 9,85 im Pewexladen
Bahnfahrt 35 km	DM 0,90
Kanuleihgebühr	DM 32/Woche oder DM 9/Tag

Wanderkarten (falls erhältlich) DM 1,50
Warmes Abendessen im Restaurant DM 10.
Campingplatzgebühren zwischen DM 5 und 14 fürs Wohnmobil mit zwei Personen; etwas günstiger mit Zelt.

Reisezeit

tip Die **ideale Reisezeit** für Masuren ist von Mitte August bis Mitte September.
Die Sommerferien sind dann fast vorbei und der Spätsommer ist hier bekannt für Sonnenschein und warme Tage. Nachts allerdings kann es kühl werden, was vor allem morgens beim Camping störend wirkt.

Von den Sommermonaten ist der Juli am wärmsten, während es im Frühling oft regnerisch ist.

Bedenken Sie, daß Polen fast um einen Längengrad östlich von uns, trotzdem aber in derselben **Zeitzone** liegt. Das bedeutet, daß in Masuren die Sonne grundsätzlich um etwa 40 Minuten früher auf-, aber natürlich auch früher untergeht. Im Spätsommer ist es um 20 Uhr schon dunkel.

Alternative: früher aufstehen, um mehr vom Tag zu haben.

Post und Telefon

- Luftpostbriefe und -Postkarten an die Lieben daheim kosten nur Pfennige an Porto, sie sind dafür aber auch mindestens 5 Tage unterwegs.

- Telefonieren von Polen aus in den Westen ist bisher nur mit Handvermittlung möglich, während der umgekehrte Weg selbstgewählt gegangen werden kann (Landesvorwahl 0048, dann die Ortszahl ohne 0).

Reisen im Land

Die Überlandstraßen in Polen sind in **gutem Zustand**, auf jeden Fall besser als in den neuen Bundesländern.
Selbst die Fernstraßen können allerdings manchmal etwas schmal und wellig werden.

▸ Vorsicht vor **holprigen Bahnübergängen** - bei manchem ist Schrittempo angesagt.

▸ Als **Höchstgeschwindigkeit** ist auf gut ausgebauten Fernstraßen 110 km/h und auf Landstraßen 90 km/h vorgeschrieben, Ortschaften dürfen mit 60 km/h durchrast werden.

▸ Es besteht **Gurtpflicht** außerhalb von Ortschaften und die **Promille** sind auf 0,2 begrenzt!

▸ Für uns ungewohnt sind die vielen Pferdefuhrwerke, Radfahrer und Fußgänger, die auf den Landstraßen (nachts unbeleuchtet) unterwegs sind.

▸ Die staatlichen CPN-**Tankstellen** sind nicht gerade dicht gesät und oft hat eine Kleinstadt nur eine einzige Tanke. Autoschlangen zeigen diesen Mangel deutlich an. Tanken Sie immer rechtzeitig nach, wenn Sie wenig frequentierte Zapfsäulen sehen, auch wenn der Tank noch halb voll ist.

Wenn Ihr Motor Normalbenzin verträgt, sollten Sie nur an die Säule mit der 94 fahren, bleifrei tanken Sie an der durchgestrichen Pb-Säule (Plumbum für Blei) und Diesel kommt aus der schwarzen ON-Säule.

Nicht überall ist bleifrei und Diesel erhältlich, deshalb besonders oft tanken. Diese beiden Verbraucher haben aber den Vorteil, daß ihre Säulen nicht so häufig gefragt sind und man deshalb die Warteschlangen überholen kann.

In den Sommermonaten sind die Tankstellen im allgemeinen von 6 bis 22 Uhr und an Sonn- und Feiertagen von 7 bis 17 Uhr geöffnet.

Einige Tankstellen in Großstädten, an Autobahnen und großen Fernstraßen haben Tag und Nacht geöffnet.

Das Bahnnetz der staatlichen PKP in Polen ist sehr dicht und man kann fast jeden größeren Ort mit dem Zug erreichen. Leider gibt es im Bereich der Masurischen Seenplatte und im Oberland keine Nordsüd-Verbindungen, so daß am Ende von Kanufahrten auf Busse oder Schiffe der Weißen Flotte zurückgegriffen werden muß.

Fernzüge sind zwar etwas teurer als Personenzüge, aber trotzdem noch spottbillig für uns Westler.

Fast jedes Dorf wird von den immer eiligen staatlichen PKS-Bussen angefahren, deren Haltestellen ein 3sterniges Lenkrad ziert.
Oft sind diese Busse in einem schmuddeligen und rappeligen Zustand, aber lange hält man sich ja nicht drin auf. Die Fahrpreise für Bahn und Bus sind in etwa gleich.

Sicherheit

Diebstahl
Immer wieder hört man Horrorstories von ausgeraubten und reifenbeklauten und dann aufgebockten oder gar komplett gestohlenen Autos. Auch sollen die polnischen Klaubrüder Vorlieben für bestimmte teure Automarken haben, die auf Nimmerwiedersehn verschwinden. Wohl wahr!

Eine teure Nobelkarosse mit Kamera und Handtasche auf den Hintersitzen drapiert würde ich nirgendwo unbeaufsichtigt parken wollen. Man kann davon ausgehen, daß sich Profis dort aufhalten, wo es sich lohnt - also an touristisch stark frequentierten Plätzen z.B. in den Städten und den großen Sehenswürdigkeiten, so daß dort eine große Gefahr besteht.

Auf der anderen Seite machen Gelegenheiten auch Diebe, so daß eine nicht abgeschlossene Auto- oder Hüttentür zum Diebstahl verleiten kann.

Das mit der Hüttentür ist mir mal nachts aus eigener Dusseligkeit auf einem Campingplatz passiert und ergab einen Schaden von über DM 400. Mein die ganze Nacht vor dem Hotel auf dem Marktplatz mit unverschlossener Heckklappe geparkter Wagen wurde dagegen überhaupt nicht angerührt.

Belästigungen
Je nach eigenem Temperament unterschiedlich empfunden wird von Reisenden die Anmache von angetrunkenen Polen auf der Straße oder in Restaurants und Imbissen.

Vor allem Frauen empfinden dies natürlich als lästig und haben Angst. Ein Patentrezept zum Verhalten kann ich da auch nicht geben. Ich versuche den Störenfried zu ignorieren und entferne mich baldigst aus seinem Dunstkreis.

Ähnliche Erlebnisse können Sie auch mit aufdringlichen "Volksdeutschen" z.B. in Olsztyn haben, die Ihnen unbedingt eine Stadtführung (gegen ein "Geschenk" natürlich) aufdrängen wollen.

Sprache

Eins der größten Probleme bei einer Polenreise ist die schwierige Sprache, die rein gar nichts mit westlichen Sprachen gemein hat. Wenn Sie ein Sprachgenie sind, lernen Sie vielleicht etwas mehr als nur ein paar Brocken. Auf jeden Fall sollten Sie ein Wörterbuch und/oder einen Sprechführer mitnehmen, damit Sie wenigstens einkaufen oder nach dem Weg fragen können.

Rechnen Sie keinesfalls damit, daß deutsch oder englisch sprechende Polen zuhauf durch Masuren laufen. Aber über einen dreiwöchigen Urlaub werden Sie sich mit etwas Geschick und einem schlauen Buch hinüber retten.

Unterkunft

Hotels und **Pensionen** sind nicht sehr zahlreich vorhanden, so daß es immer wieder zu Problemen bei der Unterbringung kommen kann.

Campingplätze gibts auch nicht gerade reichlich, aber zusammen mit Biwakplätzen ohne jegliche Einrichtungen oder wilde Zeltmöglichkeiten kommt ein Camper ganz gut über die Runden.

Wohnmobilisten haben überhaupt keine Probleme und können fast überall stehen (obwohl es eigentlich verboten ist). Wenn mehr Sicherheit gewünscht ist, fragen Sie einfach einen Bauern um Erlaubnis und bezahlen ein paar tausend Zloty fürs Stehen.

Kanufahrer können fast überall anlegen, sollten aber gegebenenfalls im nächsten Gehöft um Erlaubnis fragen und ein paar Scheine bereithalten.

tip Suchen Sie sich einen schönen Campingplatz, ein Hotel oder eine Pension und machen Sie von dort aus Auto-, Kanu- oder Fahrradtouren durch das schöne Masuren.

Mein idealer Ausgangspunkt ist die hübsch und zentral gelegene Kleinstadt ☞ Mikolajki (Nikolaiken).

Zoll

Wie immer sind beim Zoll ein Wust von Vorschriften zu beachten.

▸ **Zollfrei eingeführt** werden dürfen die meisten Dinge des persönlichen Verbrauchbedarfs, wie 2 l Wein, 5 l Bier, 250 Zigaretten, 1 kg Schokolade, Kaffee nur bis 200 g.

▸ **Wieder ausgeführt** werden müssen 1 Fernglas, 2 Fotokameras, 1 Filmkamera, Radio mit Kassettenrekorder, Campinganhänger, Kanu, Zeltausrüstung, 1 Fahrrad usw.

▸ **Verboten ist die Einfuhr** von Drogen, Waffen, Pornos und Landkarten mit ausschließlich deutschen Ortsnamen.

▸ **Die Ausfuhr** von Kunstwerken, Antiquitäten, Büchern und anderen Gegenständen, die vor dem 9.5.45 hergestellt wurden, bedarf einer schriftlichen Genehmigung des Denkmalkonservators der jeweiligen Wojewodschaft.

▸ **Jäger** müssen sich bei spezialisierten Jagdreisebüros über die Mitnahme von Jagdwaffen informieren.

▸ Für **Autotelefone** und **Funkgeräte** muß mindestens 6 Wochen vor der Einreise eine Genehmigung beantragt werden. Besser ist wohl der Ausbau des Gerätes.

Wetterfrosch-Tips

Gutes Wetter mit Sonnenschein: *Senkrecht aufsteigender Rauch, klarer Sonnenuntergang, klares Sternenlicht ohne Flimmern, Haufenwolken am Vormittag, die sich nachmittags auflösen, Wind aus südlichen und östlichen Richtungen, der am Abend einschläft.*
Schlechtes Wetter mit Regen: *Kräftiger Wind aus Westen am Abend, Sonnenuntergang hinter dicken Wolken.*
Gewitter: *Heiße und schwüle Luft.*
Windiges Wetter: *Knallroter Sonnenuntergang.*

Index